MODERNETECHNIK FÜRE-GITARRE

Picking, Legato, Rhythmusgefühl und Ausdruck

JOSEPHALEXANDER

FUNDAMENTAL**CHANGES**

Moderne Technik für E-Gitarre

Picking, Legato, Rhythmusgefühl und Ausdruck

3. Ausgabe

Herausgegeben **von www.fundamental-changes.com**

ISBN: 978-1-910403-60-0

Copyright © 2016 Joseph Alexander

Übersetzt von Elisabeth Pfeiffer

Das Urheberrecht liegt beim Autor.

www.fundamental-changes.com

Twitter: **@Guitar_Joseph**

Facebook: **FundamentalChangesInGuitar**

http://www.fundamental-changes.com

Inhalt

Hol dir die Audio-Dateien

Die Audio-Dateien für dieses Buch sind als *kostenloser* Download auf **http://www.fundamental-changes. com** mit dem Link in der oberen rechten Ecke erhältlich. Wähle einfach diesen Buchtitel aus dem Menü und befolge die Download-Anleitung.

Wir empfehlen, dass du zunächst die Dateien auf deinen Computer, nicht auf dein Tablet herunterlädst und sie sie dann in deine Media-Bibliothek extrahierst. Danach kannst du sie auf dein Tablet oder deinen iPod laden oder eine CD brennen. Auf der Download-Seite findest du auch ein hilfreiches PDF. *Wir bieten auch technischen Support über das Formular auf der Download-Seite.*

Wir bemühen uns sehr, die Audio-Aufnahmen perfekt zu machen und sie werden dir beim Durcharbeiten dieses Buches sehr hilfreich sein. Sie sind kostenlos. Worauf wartest du also noch?!

Geh auf **www.fundamental-changes.com** und hol dir jetzt die Audio-Dateien.

Außerdem findest du dort über 200 kostenlose Unterrichtseinheiten für Gitarre, in die du dich richtig verbeißen kannst.

Wenn du dieses Buch auf einem eReader liest, tippe zweimal auf jedes Bild, um es größer zu machen. Wahrscheinlich ist es am besten den eReader quer zu halten und die Spaltenansicht zu deaktivieren.

Einleitung

Bei vielen Gitarristen existiert die Vorstellung, dass man für eine gute Technik am Instrument jahrelang üben muss. Sie glauben, dass die Technik allem anderen voransteht und Übungen den Großteil der Übezeit in Anspruch nehmen sollten.

Meiner Erfahrung nach, ist das nicht der Fall. Tatsächlich kann es kontraproduktiv, unnötig und sogar gesundheitsschädlich sein, zu verbissen und ehrgeizig die „perfekte" Technik anzustreben.

Es gibt eine ganz einfache Frage, die du dir in Bezug auf deine Technik stellen solltest. Die Frage ist eigentlich ganz offensichtlich, wird aber von den meisten Gitarristen, die ich unterrichte, schlichtweg übersehen. Als mein eigener Lehrer am Guitar Institute in London mir damals zum ersten Mal diese Frage stellte, hat es mich einfach umgehauen. Vor allem, weil mein Lehrer die beste Technik hatte, die ich je gesehen hatte.

Wenn ich jetzt, 15 Jahre später, meinen Schülern die Frage stelle, bekomme ich die gleiche Reaktion von ihnen, wie ich sie damals hatte. Die Frage ist:

„Wieviel Technik brauchst du?"

Denk darüber nach, was die Frage für dich bedeutet.

Wir fangen alle aus ganz unterschiedlichen Gründen mit dem Gitarre Spielen an. Als ich vier war, sah ich ein Video von Hendrix in Monterey. Kurz darauf sah ich Queen beim Live Aid ‚85. Und danach war ich angefixt. Mittlerweile habe ich über 40 Privatschüler und in der ersten Stunde frage ich jeden einzelnen, warum er oder sie Gitarre spielen möchte. Ich finde es sehr wichtig, das ursprünglich formulierte Ziel im Auge zu behalten, wenn wir in das weitläufige Labyrinth der Technik-Übungen hinabsteigen.

Viele Schüler sagen, sie wollen für ihre Freunde spielen, einige wollen ihre eigenen Sachen schreiben, manche wollen Blues, Country, Progressive Rock oder „Screamo" Metall spielen.

Einige Jungs sind einfach ehrlich und sagen, dass sie die Mädels beeindrucken wollen!

Egal was dein Ziel ist (wenn du kein Ziel hast, such' dir eins!), bedenke, dass die Mehrzahl der verschiedenen musikalischen Stilrichtungen nicht aus technischen Spitzenleistungen heraus entstanden ist. (Klar gibt es da einige beachtenswerte Ausnahmen.)

Wenn du zum Beispiel Blues spielen willst, brauchst du eine solide Technik. Du musst aber nicht 8 Stunden am Tag Technik üben; du musst den Blues spielen. Wenn du Dream Theater spielen willst, musst du viel mehr Zeit darauf verwenden, deine Technik zu entwickeln. Aber du kannst nicht nur Technik üben, du musst tatsächlich auch einige Songs von Dream Theater lernen.

Wenn du anfängst Songs zu spielen, wird dir klarwerden, welche Technik-Übungen du machen musst! Schau einfach, wo du im Song nicht weiterkommst und finde heraus, was du nicht kannst. Mach nicht den Fehler zu denken, dass du alles parat haben musst, bevor du überhaupt mit dem Song anfangen kannst.

Einer der besten Spieler auf dem Planeten hat einmal gesagt: „Ich hab' nie Technik geübt; Ich habe einfach nur Songs gespielt und herausgefunden, was ich nicht konnte, und warum ich es nicht konnte."

Ich hoffe, das gibt dir ein paar Denkanstöße.

Abgesehen von all dem (und weil ich dir sicherlich nicht vermitteln will, dass du dieses Buch *nicht* kaufen sollst!), existiert nach wie vor die falsche Vorstellung, dass es Jahre von konzentriertem und ernsthaftem Üben braucht, um eine gute Technik zu entwickeln.

Und hier kommt dieses Buch ins Spiel.

Ich habe Gitarre über 18 Jahre lang Vollzeit unterrichtet und hatte das große Glück bei einigen der besten Gitarristen des Landes zu studieren. In dieser Zeit hab' ich die Liste von Übungen, die ich meinen Schülern gebe, auf diejenigen reduziert, die sehr schnell auch wirklich viel bringen.

Du merkst vielleicht schon, dass ich grundsätzlicher eher nicht so viele „Übungen aufgebe", aber ich beobachte dieselben grundlegenden technischen Probleme immer und immer wieder. Es ist tatsächlich so, dass die meisten meiner Schüler viele Übungen aus diesem Buch dazu benutzt haben, ihre technischen Probleme zu lösen.

Und zwar, weil diese Übungen wirklich helfen. Sie beschäftigen sich mit den Problemen, die du gerade hast und die auch wahrscheinlich der Grund dafür sind, dass du dieses Buch überhaupt liest. Wenn du den Eindruck hast, dass eine Übung dich nicht fordert oder dir nichts Neues vermittelt, überspringe sie bitte. Es gibt nie einen Grund dafür etwas zu üben, was du schon kannst.

Dieses Buch ist in vier Abschnitte aufgeteilt:

Zupfen & die Unabhängigkeit der Finger, (diese beiden Themen gehen fließend ineinander über)

Rhythmus,

Legato,

Techniken des Ausdrucks.

Manchmal wirst du ähnliche Übungen, wenn auch mit unterschiedlichem Fokus, in unterschiedlichen Abschnitten des Buches antreffen. Zum Beispiel gibt es einige Übungen zur Unabhängigkeit der Finger, die wegen der verwendeten Fingerkombination auch tolle Legato-Übungen sind. Lass dich davon nicht irritieren; es hat keinen Sinn das Rad für jeden Technik-Bereich neu zu erfinden. Wenn du ähnliche Übungen aus verschiedenen Blickwinkeln betrachtest, werden dir allerdings oft neue Schwächen auffallen an denen du arbeiten kannst.

Ziemlich sicher sollte Rhythmus und Picking für dich die oberste Priorität haben.

Ich habe aber volles Verständnis dafür, wenn du andere Prioritäten hast. Fang einfach an, wo du willst.

Denk jedoch immer daran: Dein Rhythmus ist nicht so gut, wie du denkst. Wenn du nicht gerade Mike Stern bist, profitierst du wohl am meisten, wenn du dir zuerst den Abschnitt über Rhythmus zu Gemüte führst. Rhythmus Üben macht mittlerweile 60% meines gesamten Übens aus. Das heißt schon was.

Ich würde sogar soweit gehen zu sagen, dass aus meiner Sicht der ganze Sinn von Technik ist, Kontrolle über den *Rhythmus* und *Freiheit im Ausdruck* zu entwickeln. Die meisten Profi-Gitarristen sehen das genauso, obwohl viele wohl *„Freiheit im Ausdruck"* an erste Stelle setzen würden.

Geschwindigkeit:

Gute Technik heißt nicht, dass man schnell spielt. Und schnell spielen heißt noch lange nicht, dass man eine gute Technik hat. Es gibt aber gewisse „Industriestandards"; gängige Tempi, die du als Ziele im Hinterkopf behalten solltest.

Picking:

Sechzehntel sollten auf Tempo 120 noch sauber sein. Manch einer würde sogar auf Tempo 140 bestehen. Und wenn du auf Shred Metal stehst, ist dein Ziel wahrscheinlich Tempo 160.

Sechzehntel Triolen sollten auf Tempo 100 funktionieren.

Legato:

Es gibt keine Grenze, solange alle Noten klar definiert und gleichmäßig auf den Schlag verteilt sind.

Jedes Beispiel in diesem Buch kannst du dir als Audio-Datei anhören. Lade die Audiobeispiele von **www. fundamental-changes.com/audio-downloads** herunter

Vergiss nicht: normalerweise bringt es viel mehr jede Übung *extrem* langsam und akkurat ausführen zu können, als sie in Lichtgeschwindigkeit zu spielen.

Schmerzen:

Falls du **irgendwelche** Schmerzen entwickelst, hör *sofort* auf und geh zu einem Spezialisten. Wenn du eine gute Haltung und eine gute Technik hast, solltest du niemals Schmerzen spüren. Meistens liegt es daran, dass du zu früh zu schnell spielen willst. Aber lass dich auf jeden Fall von einem Spezialisten untersuchen.

Und zum guten Schluss, behalte dein ursprüngliches Ziel, die Musikalität, im Auge. Nicht vergessen: „**DU BIST, WAS DU ÜBST".** Wenn du nur Technikübungen übst, wirst du auch nur die jemals spielen können. Lerne Musik.

Joseph Alexander

Alle Audio-Beispiele sind kostenlos auf **www.fundamental-changes.com/audio-downloads** erhältlich.

Picking und die Unabhängigkeit der Finger

Obwohl es sich hier offensichtlich um zwei völlig verschiedene Dinge handelt, ist es schwierig, Übungen zur Unabhängigkeit zu zeigen, die nicht eine gewisse Kontrolle über dein Plektrum voraussetzen.

Man kann nicht genau sagen, was zuerst da war, aber wir müssen irgendwo anfangen. Viele vermeintlichen „Picking" Probleme gehen eigentlich auf versteckte Schwächen in der Greifhand zurück. Deshalb werden wir uns zunächst mit der Unabhängigkeit der Finger in der Greifhand beschäftigen.

Zu den größten Problemen, die ich immer wieder sehe, gehört mangelnde Beweglichkeit zwischen dem zweiten und dritten Finger und eine Schwäche im vierten Finger.

Zu wenig Beweglichkeit zwischen 2. und 3. Finger:

Jeder Finger deiner Hand hat seine eigene Sehne. Nur der 2. und 3. Finger haben eine Sehnenverbindung. Diese körperliche Eigenheit des Menschen hat zur Folge, dass unsere 2. und 3. Finger nicht unabhängig von einander funktionieren. Lege deine Greifhand entspannt auf einen Tisch und hebe dann wiederholt nur den 3. und dann nur den 2. Finger. Heb dann deinen 1. und 2. Finger abwechselnd ab und vergleiche. Du wirst sehen, dass ein guter Teil der Unabhängigkeit der Finger ist, Kontrolle über diese eigensinnigen Finger zu lernen.

Ein schwacher 4. Finger:

Heutzutage verwendet man so viel wie möglich den 3. Finger; vor allem bei Pentatonik-Bendings. Das finde ich durchaus richtig und gut, aber es kann dazu führen, dass der 4. Finger ziemlich schwach wird, weil er einfach nicht genug Training bekommt. Kraft und Genauigkeit im kleinen Finger schränken Gitarristen oft ein, wenn sie Schnelligkeit und Geläufigkeit aufbauen möchten.

Die folgenden Übungen beschäftigen sich vor allem mit diesen beiden Bereichen.

Übungen für die Unabhängigkeit der Finger

Permutationen

Die erste Übung hat mir Shaun Baxter gegeben. Er ist ein unglaublicher Musiker und Lehrer und hat mich am Guitar Institute in London unterrichtet. In erster Linie zielt diese Übung auf Schwächen in jeder möglichen Fingerkombination auf dem Griffbrett ab. Um Kraft und Kontrolle zu entwickeln, solltest du den ersten Finger die ganze Zeit liegen lassen; zumindest für Beispiele 1a und 1b.

Beispiel 1a:

Bevor du spielst, schau dir die Noten in Klammern an. Die Noten auf dem VI. und VII. Bund bewegen sich über drei Saiten, während die Noten auf dem V. und VIII. Bund immer auf der d-Saite bleiben.

Lass deinen ersten Finger die ganze Zeit liegen und wiederhole das Beispiel vier Mal. Am Anfang ist das durchaus schwierig und deine Hände werden schnell müde werden. Spiele die Übung also erstmal nicht länger als 30 Sekunden am Stück.

Für alle diese Beispiele gilt: Es spielt ein Finger pro Bund. Verwende keinen Finger zweimal. Dein 1. Finger spielt auf dem V. Bund, dein 2. Finger auf dem VI. Bund, usw.

Denk dran, dass du alle Beispiel als Audio-Dateien auf **http://www.fundamental-changes.com/** herunterladen kannst.

Wenn du dieses Beispiel 30 Sekunden lang gespielt hast, mach 15 Sekunden lang Pause und geh dann weiter zu Beispiel 1b:

Beispiel 1b:

Wie du siehst, ist das im Prinzip das gleiche. Nur die Noten in Klammern stehen in umgekehrter Reihenfolge. Spiel das Ganze wie Beispiel 1a. Mach die Übung 30 Sekunden lang.

Und dann, dreh die beiden ersten Noten um:

Beispiel 1c:

Und zum Schluss, *lass'* die beiden ersten Noten umgekehrt und dreh auch noch die zweiten beiden Noten um:

Beispiel 1d:

Wir haben uns jetzt mit jeder Fingersatz-Permutation in dieser Sequenz beschäftigt.

Übe die oberen vier Sequenzen langsam, indem du dein Metronom auf Tempo 40 stellst und zwei Noten pro Klick spielst. Hierbei geht es nicht um Tempo. Je schneller du spielst, desto weniger bringt es.

Und hier ist die nächste Übe-Sequenz dieser Noten:

Beispiel 2a:

Es ist wieder im Prinzip das Gleiche, nur, dass die sich wiederholenden Noten jetzt in der Mitte sind. Das sind die drei weiteren Permutationen dieses Beispiels:

Beispiel 2b:

Beispiel 2c:

Beispiel 2d:

Es gibt noch zwei weitere Sets von Möglichkeiten, an denen du arbeiten kannst. Zunächst **Beispiel 3a:**

Beispiel 3b:

Beispiel 3c:

Beispiel 3d:

Und zum Schluss **Beispiel 4a:**

13

Beispiel 4b:

Etc...

Beispiel 4c:

Etc...

Beispiel 4d:

Etc...

Gehe bei *allen* gezeigten Beispielen wie folgt vor:

1) Spiele das Beispiel 30 Sekunden lang, mach 15 Sekunden Pause und dann geh weiter zum nächsten Beispiel.

2) Versuche jedes Beispiel einmal pro Übesession zu spielen. Wenn du durch alle Beispiele am Anfang deiner Übeeinheit spielst, sollte das nicht länger als 10 Minuten dauern.

3) Wenn du ein Beispiel schon locker und bequem spielen kannst, spiele es entweder langsamer oder lass es einfach weg. Es macht keinen Sinn etwas zu üben, was du schon spielen kannst.

4) Wenn du jede Note in jedem Beispiel mit normalen Anschlägen spielen kannst, versuch's auch mal mit Hammer-Ons und Pull-Offs (Bindungen).

5) Es braucht viel Kontrolle, um in einem langsamen Legato kontrolliert zu spielen.

6) Sollen dir die Beispiele zu leicht werden, versuch sie mit einem langsamen Swing Feeling zu spielen und jede zweite Note zu akzentuieren, wie es unten gezeigt wird:

Beispiel 5a:

Wie bei jeder Übung gilt auch hier: solltest du Schmerzen bekomme, hör sofort auf.

Der Schlüssel zum Erfolg liegt darin, die Greifhand in einem sehr langsamen Tempo kontrollieren zu können.

Kraft für den 4. Finger

Die folgende Übung wurde mir zum Aufwärmen gezeigt, als ich 13 Jahre alt war. Ich bin eigentlich niemand, der übermäßig an altem Material hängt, aber dieses Workout für deinen 3. und 4. Finger ist einfach großartig. Immer wenn ich nach einer längeren Pause wieder zur Gitarre zurückkomme, ist das eine der ersten Übungen, die ich mache.

Beispiel 6a:

In dieser Übung verwendest du eine Kombination aus dem 3. und 4. Finger, die mit jedem Durchgang etwas anstrengender wird, weil du sie über das Griffbrett verschiebst.

Spiele zunächst ganz langsam Beispiel 6a und achte darauf, dass du die richtigen Finger auf jedem Bund verwendest, so wie sie im Beispiel angegeben sind. **Lass** deinen 1. Finger am V. Bund **liegen**, bis du die Saite wechseln musst.

Je weiter du Richtung Basssaiten gehst, desto mehr werden die Bänder in deinem Handgelenk gedehnt. Das führt normalerweise dazu, dass dieses Beispiel zunehmend schwieriger wird. Fang mit Sechzehntel Noten auf Tempo 40 an und werde erst schneller, wenn du über alle Saiten hinweg gleichmäßig spielen kannst. Ich finde, du solltest ein Maximaltempo von etwa 100 anstreben. Schneller geht natürlich auch, aber du musst trotzdem ein konstantes Tempo während der gesamten Übung halten können.

Wenn du Tempo 40 gleichmäßig über alle Saiten spielen kannst, erhöhe das Tempo in Achterschritten.

Im nächsten Beispiel wird Kraft für den 4. Finger mit Unabhängigkeit für den 2. und 3. Finger kombiniert.

Beispiel 6b:

Beispiel 6b ist so ähnlich, wie Beispiel 6a. Allerdings lässt du jetzt jeweils den 2. Finger auf der entsprechenden Saite liegen, während du die Finger 3 und 4 trainierst. Das ist viel schwieriger, bringt aber auch viel mehr. Trotzdem möchte ich nochmal betonen: Es ist extrem wichtig, langsam zu spielen und alle Bewegungen zu kontrollieren.

Übe dieses Beispiel erst einmal ohne Metronom und lerne später, deine Finger in Tempo 40 zu kontrollieren.

Du weißt ja, dass alle Beispiele zu Anhören als kostenloser
Download auf **www.fundamental-changes.com/audio-downloads**

Picking

Die Übungen in diesem Abschnitt gehören zu den nützlichsten, die ich je gesehen habe und viele Übungen und Ideen in den weiteren Kapiteln sind von diesem praktischen und effizienten System abgeleitet.

Alternate Picking vs. Economy Picking

Ich möchte mich nicht zu sehr auf diese Diskussion einlassen. Aber ich sollte anmerken, dass ich ein Economy Picker bin.

Falls dir der Unterschied nicht ganz klar ist, sei soviel gesagt: Ein Alternate Picker spielt immer auf/ab/auf/ab und verlässt sich auf die Bewegung des Plektrums, die einen ziemlich exakten Rhythmus macht. Ein Economy Picker wählt immer den effizientesten Weg zwischen zwei Punkten und muss sich dadurch manchmal etwas mehr um einen exakten Rhythmus bemühen.

Diese Beschreibung ist ziemlich stark vereinfacht. Bevor du also schlechte Referenzen schreibst und mir Hassbriefe schickst, möchte ich sagen, dass ich mir durchaus bewusst bin, dass das nicht die ganze Wahrheit ist! Die Beispiele in diesem Kapitel sind darauf ausgelegt, Economy Picking zu vermitteln, weil mir aufgefallen ist, dass Gitarristen mit dieser Technik weniger körperliche Probleme entwickeln und (ganz allgemein gesprochen) besseres Timing haben, als die, die Alternate Picking verwenden.

Wenn du für die folgenden Übungen lieber Alternate Picking verwenden möchtest, mach das bitte. Du wirst trotzdem jede Menge lernen.

Economy Picking - Eine Beschreibung

Als Hauptprinzip hinter dem Economy Picking steht, dass man die Saite möglichst **wenig** mit dem Plektrum überqueren sollte.

Spiel einen Abschlag auf der leeren A-Saite. Die nächste Note, die du spielen wirst, ist die leere d-Saite. Was ist jetzt effizienter? Die 4. Saite mit einem Aufschlag oder mit einem Abschlag zu spielen?

Du solltest immer einen weiteren Abschlag auf der 4. Saite spielen, weil du für einen Aufschlag zunächst die Saite überqueren müsstest, ohne sie zu spielen, um dann den Aufschlag überhaupt spielen zu können.

Warum die Saite nicht einfach auf dem Weg nach unten mitnehmen und so eine zusätzliche Bewegung vermeiden?!

Es liegt diese einfache Vermutung nahe:

„Immer wenn du einen Saitenwechsel vom Körper weg (Richtung Boden) hast, benutze immer einen Abschlag.

Aber natürlich stimmt das Ganze auch umgekehrt:

„Immer wenn du einen Saitenwechsel zum Körper hin (nach oben in Richtung Zimmerdecke) machst, benutze einen Aufschlag".

Bei einer Reihe von Noten auf *derselben* Saite würden wir immer Auf- und Abschläge abwechseln.

Diese drei Regeln sind die einzigen beim Economy Picking. Sie decken alle Situation ab, die in der Zupfhand auftreten können.

Wenn du diese Regeln bei der Arbeit am Rest des Kapitels befolgst, wird dir auffallen, dass deine Zupfhand immer kleinere Bewegungen macht. Das wird deine Trefferquote, dein Tempo und Geläufigkeit auf der Gitarre verbessern und das Risiko für irgendwelche Verletzungen, wie Sehnenscheidenentzündung oder Karpal-Tunnel-Syndrom stark reduzieren.

Ich persönlich finde, dass das Tollste am Economy Picking ist, dass man sich keine Gedanken mehr darum machen muss, wenn man es einmal verstanden hat. Man verschwendet nie wieder Übezeit, indem man sich fragt, wie man einen bestimmten Rhythmus spielen soll.

Die Handposition beim Picking

Mit Worten ist das schwer zu erklären, aber die Form deiner Zupfhand ist sehr wichtig. Der Ballen, (der fleischige Teil deiner Hand, der sich in der Verlängerung deines kleinen Fingers befindet), sollte **immer** sehr leichten Kontakt mit den Basssaiten haben, wenn du Noten auf den Diskantsaiten spielst. Dadurch kannst du die Saiten mit deinem Plektrum besser orten und hast weniger störende Saitengeräusche, wenn du verzerrt spielst. Wenn du die oberste Saite in dieser Position nicht erreichst, **platziere dein ganzes Handgelenk weiter unten auf der Gitarre.**

Verankere deine Zupfhand *nicht* fest auf den Gitarrensaiten. Wenn du ungedämpft die Basssaiten spielen möchtest, platziere dein Handgelenk so, dass der Ballen ganz sanft auf dem Gitarrenkorpus zu liegen kommt.

Wenn du eine aufsteigende Tonleiter über alle sechs Saiten spielst, sollte dein Plektrum sich in einer geraden Linie die Saiten hinab bewegen, während du dein Handgelenk fallen lässt. Wenn du dein Handgelenk auf den Basssaiten fixierst, beschreibt dein Plektrum einen Bogen. Das sollte auf jeden Fall vermieden werden.

Lass die Finger, die du nicht verwendest (2., 3. und 4.) sanft in deiner Handfläche verschwinden.

Das Plektrum solltest du auf der **Seite** des 1. Fingers halten (nicht auf der Fingerbeere), während dein Daumen es von oben fixiert. Es sollten etwa 2mm bzw. 1/8" unter deinem Daumen hervorstehen.

Effizientes Picking

Schau dir **Beispiel 7a** an:

Bevor du dich damit beschäftigst, wie das Beispiel richtig gezupft wird, achte darauf, dass du für den Fingersatz die „1 Finger pro Bund" - Regel anwendest. Verwende den 1. Finger für jede Note auf dem V. Bund, deinen 2. Finger für jede Note auf dem VI. Bund, und so weiter.

So, schauen wir uns mal die Picking Richtung an. Es kann sein, dass dir das vollkommen neu ist. Mach also bitte sehr langsam: Spiele keine Note, bevor du dir nicht *sicher* bist, dass du die richtige Picking Richtung hast.

Du wirst wahrscheinlich zwischen dem **Schlag 2+ und Schlag 3** besonders gefordert sein, weil hier zwei Aufschläge hintereinanderkommen. Das liegt daran, dass wir, wie du hoffentlich bemerkt hast, von der 2. auf die 3. Saite wechseln und wir dadurch vermeiden, die 3. Saite unnötigerweise zu überqueren.

Wenn du es geschafft hast, das ganze Beispiel korrekt zu spielen, stelle dein Metronom auf Tempo 60 und spiele das Beispiel, wie es oben geschrieben steht. Konzentriere dich auf die Picking Richtung, nicht auf die Noten für deine Greifhand. Wenn du eine falsche Note in dieser Phase spielst, ist das kein Problem, solange das Picking korrekt war.

Wenn du dir absolut sicher bist, dass dein Picking stimmt, erhöhe das Tempo schrittweise in Achterschritten und arbeite dich auf Tempo 100 hoch.

Hör' bei Tempo 100 auf. Wir werden uns weiter hinten in diesem Kapitel noch damit beschäftigen, wie man das Tempo richtig erhöht.

Stell dir jetzt diese Notensequenz als Kreislauf ohne Anfang und Ende vor. Wir können an jeder Stelle des Kreises beginnen und uns dadurch nicht nur auf unser Picking konzentrieren, sondern auch noch an Schwächen im Timing der Greifhand arbeiten. Das wird klar, wenn du das **Beispiel 7b** spielst.

Achte zunächst auf den ersten Abschlag in Klammern. Du spielst diesen Abschlag nur beim ersten Mal im Kreislauf. In jeder Wiederholung geht dieser Note eine Note auf der 1. Saite voraus (Schlag 4+), so dass du einen Saitenwechsel mit einem Aufschlag machen musst.

Gelegentlich begegnen wir solchen kleinen Eigenheiten, aber sie haben keinen Einfluss auf unsere allgemeine Herangehensweise ans Picking. Sei dir *bewusst*, dass sich dein Picking verändert, aber eigentlich musst du dich nur darauf konzentrieren im Rhythmus zu bleiben.

Wie ich auf der letzten Seite schon erwähnt habe, können wir jegliche Schwächen unserer Picking Technik in den Mittelpunkt des Interesses stellen, indem wir an unterschiedlichen Stellen im Kreislauf beginnen. Dadurch nutzen wir unsere Übezeit viel effizienter.

Spiel' das Beispiel 7b in Tempo 60 durch. Konzentriere dich darauf, dass dein Picking korrekt ist, bevor du in Achterschritten das Tempo jedes Mal dann erhöhst, wenn sich das bisherige Tempo angenehm anfühlt. Es macht keinen Sinn ein Tempo weiter zu spielen, das du schon gut kannst. Verschwende nicht deine Übezeit!

Die erste Rotation des Beispiels lenkt deine Aufmerksamkeit auf den Übergang vom 1. Finger auf der 1. Saite zum 4. Finger auf der 2. Saite und jeglichen Problemen dabei. Viele Gitarristen haben damit Probleme. Wenn du also das Tempo langsam erhöhst, achte darauf, dass die Noten auf den Schlägen 4, 4+ und 1 nicht schlampig werden. Der Rest dieser Übung, zusammen mit dem Abschnitt in diesem Buch über „Wie man schneller wird", wird dir sehr helfen, jegliche Schwächen in deiner Technik zu eliminieren.

Wir führen dieses wichtige Beispiel weiter, indem wir von jedem Punkt im Kreislauf aus starten. Hin und wieder wird sich deine Picking Richtung nach dem ersten Durchgang verändern. Aber konzentriere dich weiterhin darauf, die korrekte Spielrichtung zu verwenden, so wie sie im Beispiel notiert ist.

Weitere Picking Rotationen

Beispiel 7c:

Beispiel 7d:

Beispiel 7e:

Beispiel 7f:

Beispiel 7g:

Beispiel 7h:

Spiele jedes Beispiel zunächst extrem langsam. Es braucht Zeit, neue motorische Fähigkeiten zu entwickeln. Es ist viel wichtiger, *richtig* zu spielen, als schnell.

Wenn du anfängst, schrittweise schneller zu werden, spiele jede Rotation mindestens 16 Mal, bevor du zur Nächsten weitergehst.

Wenn du dann mit deiner Zupfhand deine Picking Richtung gut kontrollieren kannst und du am Tempo und der Geläufigkeit arbeitest, lohnt es sich, die letzte Übungssammlung als eine Reihe von Rhythmus-Tests zu behandeln.

Manche Stellen in diesem Segment haben eine Tendenz zum Eilen; zum Beispiel wirst du die drei Noten auf der 2. Saite tendenziell schneller spielen, während du in anderen Bereichen, wie zum Beispiel dem schon erwähnten Saitenwechsel zwischen der 1. und 2. Saite, mehr Zeit brauchen wirst. Achte darauf, dass du die Noten gleichmäßig zwischen den Klicks des Metronoms verteilst. Man kann das sehr gut üben, indem man das Metronom auf Tempo 40 stellt und Sechzehntel (vier gleiche Noten pro Klick) spielt.

Nimm dich beim Üben entweder auf Video oder nur auf Tonband auf und hör dir die Aufnahmen regelmäßig an. Du wirst bald erkennen, ob du schneller wirst oder hinter dem Schlag spielst. Dieses Thema wird im Kapitel über Legato Timing noch genauer besprochen.

Wie man schneller wird

Ich hatte einmal einen Schüler, der sein Tempo verbessern wollte, indem er das Metronom jeden Tag um einen Schlag pro Minute schneller stellte und alles spielte, was er kannte. Er dachte, dass er nach „hundert Tagen", die „Gitarre gemeistert" haben würde.

Sicher ist das eine interessante Theorie, aber meiner Erfahrung nach ist das nicht der schnellste oder nachhaltigste Weg zu höherer Geschwindigkeit und mehr Kontrolle.

Geschwindigkeit ist schon irgendwie komisch. Eigentlich muss man nur gewisse motorische Fähigkeiten trainieren und jeder kann, sofern keine körperliche Einschränkung besteht, phänomenale Schnelligkeit auf der Gitarre entwickeln. Es wird immer die YouTube Videos von unglaublichen 12-jährigen Gitarristen geben, die durch Tonleitern rasen und uns Demut lehren, damit wir noch ein bisschen mehr üben.

Wenn man aber etwas genauer hinsieht, merkt man, dass der tatsächliche Rhythmus, den der „Shredder" spielt, ein bisschen schlampig sein kann.[1]

Das Problem dabei ist, dass die Distanz zwischen den einzelnen Noten sich umso mehr verringert, je schneller der Klick wird. Dadurch wird es schwierig zu hören, ob diese wirbelnden Sechzehntel-Triolen wirklich so exakt sind. Man *kann* es feststellen, aber grundsätzlich macht das Spiel (oder die Übung) dann grundsätzlich einfach einen etwas schlampigen Eindruck, oder klingt so, als ob sie gegen den Schlag *fließen* würde.

Das Geheimnis liegt einfach in der Kontrolle über die Greifhand und wir werden uns einem Großteil dieser Arbeit im Kapitel über *Legato* Timing weiter hinten im Buch widmen. Aber du solltest dich auf jeden Fall mit dem wichtigen Konzept Geschwindigkeit auseinandersetzen, wenn du Picking übst.

Die gute Nachricht ist, dass du nicht *alles*, was du kennst, auf Tempo üben musst.

Es gibt verschiedene Fingerkombinationen und Muster auf der Rock-Gitarre, die immer und immer wieder vorkommen. Sie sind der perfekte Ausgangspunkt. Manchmal, wenn du ein neues Stück zu üben anfängst, begegnet dir eine einzigartige Herausforderung, die spezifisches Üben erfordert. Aber es ist Zeitverschwendung das im Voraus zu planen. Arbeite daran, wenn es tatsächlich soweit ist.

---

[1] Das ist eine starke Verallgemeinerung und trifft wirklich nicht immer zu. Viele Shredder haben großartiges Timing.

Nehmen wir eine der früheren Übungen als Material und konzentrieren uns noch einmal auf **Beispiel 7a**:

Beispiel 7a:

Du solltest diese Übung sauber und mit dem korrekten Picking spielen können, bevor du die folgende Übung versuchst.

Stell das Metronom auf Tempo 60 und nimm dich selber auf, wie du viermal die Übung durchspielst.

Hör' oder sieh' dir die Aufnahme an. Wenn die Noten gleichmäßig über den Schlag verteilt sind, erhöhe das Tempo um 8 Schläge pro Minute. Es ist wichtig, dass du hier ganz ehrlich mit dir selbst bist.

Wenn du bei Tempo 100 angekommen bist, halbiere das Metronom-Tempo auf 50 und **verdopple** das Tempo der Noten, so dass du jetzt Sechzehntel Noten spielst:

Beispiel 7a als Sechzehntel Noten:

Wiederhole die ersten beiden Schritte solange, bis du entweder Schwierigkeiten bekommst, die Übung zu spielen, oder der Rhythmus auseinander fällt.

Reduziere dann das Metronom-Tempo um 20% und *untersuche genau den Teil der Übung, den du nicht kannst*. Vielleicht sind es einige Noten beim Saitenwechsel oder es ist das Tempo, in dem du das Alternate Picking auf der 2. Saite spielen kannst. Egal, was es ist, nimm diesen Teil heraus und übe ihn separat.

Stell dann das Metronom **40 Schläge** schneller und spiele weiterhin den Teil der Übung, mit dem du Probleme hast. Das sollte so gut wie unmöglich sein, aber versuch es ein paar Mal. **Mach dir nicht zu viele Gedanken um perfektes Timing, sondern versuche einfach auf den Klicks des Metronoms zu landen.**

Versuche jetzt den ganzen Kreislauf der Übung in diesem hohen Tempo zu spielen. Das wird sehr schwer, aber versuch es einfach ein paar Mal, auch wenn du es nicht schaffst. Keine Sorge wegen des Timings. Versuch einfach, die erste Note auf dem Schlag zu treffen.

Stelle zum Schluss das Metronom auf 5 Schläge **unter** dem Tempo an dem du *ursprünglich* gescheitert bist und fahre mit der Übung fort, indem du jedes Mal das Tempo um 8 Schläge erhöhst. [2]

Mit dieser präzisen Methode wird sich deine Geschwindigkeit und Technik sehr schnell verbessern.

Das wichtigste in diesem Ablauf, in Bezug auf das Tempo, ist der Teil, in dem du das Metronom so schnell stellst, dass du keine Chance hast, die Übung zu schaffen. Wenn du in diesem Bereich auch nur 30 Sekunden arbeitest, wird dein Unterbewusstsein die Übung anschließend im langsameren Tempo als viel einfacher empfinden.

Du musst dich nicht jedes Mal aufnehmen, wenn du 8 Schläge schneller wirst. Aber es ist auf jeden Fall gut, deinen Rhythmus im Auge zu behalten, indem du dich regelmäßig aufnimmst.

Natürlich musst du so beim Üben mit jeder Rotation der Übung vorgehen. Verschiedene Rotationen haben verschiedene Herausforderungen und technische Schwierigkeiten. Wenn du die anderen Rotationen angehst, fange nicht mit Achtelnoten an. Starte mit Sechzehntelnoten auf Tempo 50. Da sparst du dir einen Haufen Zeit. Wenn dir das für den Anfang zu schnell ist, kannst du natürlich langsamer starten. Aber denk dran: Übe nur, was du nicht kannst.

Und dann zum Schluss mach eine **Rhythmusübung** draus. Jede 5. Note sollte auf dem Schlag sein, wenn du Sechzehntel spielst. Wenn du zählst, spreche laut mit:

1-e-und-e 2-e-und-e 3-e-und-e 4-e-und-e

Achte darauf, dass deine Einsen, Zweien, Dreien und Vieren genau auf den Schlag fallen.

Es ist auch sehr wichtig mit dem Fuß zu tippen. Das mag sich einfach anhören, aber wenn du den Puls mit einer Bewegung deines Körpers erzeugst, statt nur mit einer Klangwelle in der Luft, wirst du automatisch besseres Timing haben. Wenn du deinen Fuß nicht im Tempo tippen kannst, stell' den Beat langsamer und übe, bis du es kannst.

Weitere Muster

Die letzten Übungen sollten so verändert werden, dass sie verschiedene Fingersatzkombinationen miteinschließen. Übertrage zunächst die Ideen aus den letzten Übungen auf die Beispiele 8a-8h und trainiere so deinen 3. und 4. Finger. (Dein 3. Finger spielt auf der h-Saite am VII. Bund).

Beispiel 8a:

---

[2] Wenn du die Übung auf Sechzehntel spielst, ist es vielleicht besser du beschleunigst nur jeweils 4 oder 5 Schläge.

Beispiel 8b:

Beispiel 8c:

Beispiel 8d:

Beispiel 8e:

Beispiel 8f:

Beispiel 8g:

Beispiel 8h:

Eine weitere wichtige Fingerkombination, die sehr häufig vorkommt, findest du in den Beispielen 9a-9h. Dein 4., 2. und 1. Finger spielen die Noten auf der 2. Saite. Dein 3. Finger spielt weiterhin auf der g-Saite.

Beispiel 9a:

1st   4th   2nd   1st   3rd

Beispiel 9b:

Beispiel 9c:

Beispiel 9d:

Beispiel 9e:

Beispiel 9f:

Beispiel 9g:

Beispiel 9h:

Das Auslassen von Saiten

Wenn du im Economy Picking eine Saite auslässt (tatsächlich überspringst du eine Saite), gelten die gleichen Regeln.

Übe das folgende Beispiel:

Beispiel 10:

Diese Idee basiert auf einer Übung von John Petrucci (Dream Theater), in der du „im Spinnengang" das Griffbrett entlangwanderst. Wenn du die ersten vier Noten in jedem Takt spielst, benutze den Fingersatz 1, 2, 3, 4. Für die letzten vier Noten wird das Muster umgekehrt. In diesem Punkt unterscheidet sich die Übung von der klassischen Petrucci Übung, weil wir für alles Economy Picking verwenden.

Du siehst hier nur die ersten vier Takte, aber führ die Übung weiter, bis du den XII. Bund erreichst. Wenn du angekommen bist, geht wieder abwärts zum ersten Bund, wie du es in **Beispiel 10b** siehst:

Während der ganzen Übung sollte dein Picking so aussehen, als ob du einen langsamen aufgeteilten Schlag über die Saiten machst. Du wechselst die Richtung nur auf der 1. und auf der 6. Saite.

Praktische Tonleiter-Beispiele

Die folgenden Tonleiter-Elemente, sind hier so eine Art „Wörterbuch" für eine moderne Herangehensweise an Melodien. Einerseits stellen sie technische Herausforderungen an beide Hände und sind großartige Übungen und andererseits trainieren sie auch dein Gehör, so dass du Intervalle, Dreiklänge und Arpeggios hören lernst, wenn du sie mit der oben beschriebenen Methode übst. Deshalb sind sie extrem hilfreich, wenn man davon wegkommen will, in Solos immer nur Tonleitern „rauf und runter zuspielen".

Denk dran, dass du das bist, was du übst: Wenn du immer nur Tonleitern rauf und runter übst, dann ist das auch alles, was du kannst, wenn der Moment kommt, wo du selbst kreativ sein sollst. Kreatives Üben führt zu kreativem Spiel.

Es wäre hier einfach, dir eine gewöhnliche „Speed"-Tonleiter mit drei Noten pro Saite zu geben. Ich habe das absichtlich nicht gemacht. Eine Tonleiterform mit einer Kombination aus zwei und drei Noten pro Saite wird deine Technik viel schneller entwickeln. Kurzfristig ist es etwas schwieriger, aber deine Technik wird dadurch auf allen Ebenen besser.

Hier noch ein wichtiger Gedanke: wenn etwas technisch *wirklich* schwierig ist, solltest du dich auch immer fragen, ob es für dich tatsächlich Sinn macht, das zu üben. Normalerweise gibt es zwei oder drei weitere Position auf der Gitarre, wo du den Fingersatz für dieselben Noten wiederverwenden kannst, was natürlich viel einfacher ist. Warum machst du das nicht einfach? Wenn du stundenlang etwas übst, was für dich vollkommen unnatürlich ist, wirst du außerdem aus dieser Idee beim Solieren nicht mehr herauskommen. Du wirst nichts Anderes spielen können!

Überlege dir also genau, wie du deine Zeit verwendest. Wir haben nur eine gewisse Anzahl von Stunden an einem Tag, die wir zum Üben nutzen können. Es ist deshalb einfach unumgänglich, technische Übungen sinnvoll auszuwählen.

Die folgenden Beispiele basieren alle auf der folgenden Form der A-Dur-Tonleiter:

Beispiel 11:

Übe das, bis du es perfekt kannst. Beginne mit dem schnellsten Metronom-Tempo, in dem du die Tonleiter noch bequem rauf und runter spielen kannst und erhöhe dann das Tempo in Achterschritten, bis du problemlos Sechzehntel auf Tempo 120 spielen kannst.

Ein Intervall ist der Abstand zwischen zwei Noten. C-D ist zum Beispiel eine Sekund. C-E ist eine Terz. Wir üben die A-Dur-Tonleiter jetzt in Terzen, aufsteigend und absteigend.

Beispiel 12a:

Für diese Übung solltest du Sechzehntel bei Tempo 100 anstreben, aber es gibt keinen Grund dann aufzuhören.

Als Nächstes, A-Dur in Quarten. Strebe wieder Tempo 100 an:

Beispiel 12b:

A Dur in Sexten:[3]

Beispiel 12c:

Auf dieser Seite findest du praktische Tonleitermuster, die oft dazu verwendet werden Technik und melodische Phrasierung zu entwickeln. Sie sollten alle auf Tempo 120 gespielt werden.

Beispiel 13a:

Beispiel 13b:

---

[3] Quinten werden normalerweise nicht benutzt.

Beispiel 13c:

Beispiel 13d:

Es gibt noch viel mehr mögliche Muster. Versuch deine Eigenen zu erfinden.

Die nächste Reihe von Übungen bricht die Tonleiter vollständig auf. Und zwar in Dreiklänge. Du kannst sie dir als „gestapelte Terzen" vorstellen.

Beispiel 14a:

Beispiel 14b:

Beispiel 14c:

Beispiel 14d:

Und zum Schluss gibt es Übungen, die auf Arpeggios aus vier Noten auf jeder Stufe der Tonleiter basieren. Diese sind technisch viel schwieriger. Mach also langsam und verwende immer das richtige Picking.

Beispiel 15a:

Beispiel 15b:

Beispiel 15c:

Auch bei diesen Arpeggio Mustern gibt es noch viel mehr Permutationsmöglichkeiten. Erfinde deine Eigenen.

Sechzehntel-Triolen

Ein wichtiger Bestandteil des modernen Rockgitarrenspiels sind Melodien in aggressiven Sechzehntel-Triolen. Ich persönlich spiele sie lieber legato, aber es ich wichtig die „Schrapnell"-Sechzehntel-Triolen im Stil von Gitarristen wie Paul Gilbert und Nuno Bettencourt im Repertoire zu haben.

Auch bei den Triolen ist die Hauptschwierigkeit wieder der Rhythmus. Picking macht sicherlich den Rhythmus zugänglicher, kann aber dein Tempo einschränken. Legato ist viel einfacher schnell zu spielen, aber es ist viel schwerer gleichmäßige Triolen zu spielen.

Um alle Finger wirklich gleichmäßig während der ganzen Übung kontrollieren zu können, werden wir wieder, wie in Beispiel 3, mit Rotationen arbeiten. Übe das folgende Beispiel:

Beispiel 16a:

Spiel dieses Beispiel langsam. Benutze die Finger 4, 2 und 1. Stell das Metronom auf 70 und spiele 3 Noten pro Schlag, (das ist halb so schnell, wie das obere Beispiel notiert ist). Versuche jeweils die Note am XII. Bund zu betonen.

Wenn du Beispiel 16a exakt durchspielen kannst, versuche zwei Durchläufe vor dem Stopp zu spielen. Erhöhe auf drei Durchgänge und spiele letztendlich im Loop, wie du es in **Beispiel 16b** siehst:

Fang an, Beispiel 16b schneller zu machen, indem du dein Metronom auf Tempo 35 stellst und das Beispiel als die notierten Sechzehntel-Triolen spielst; z.B. sechs Noten pro Klick. Wenn du besser wirst, erhöhe das Metronom-Tempo in Viererschritten.

Die meisten Menschen kommen schnell an einen Punkt, an dem sie entweder die Kontrolle über ihre Technik oder ihren Rhythmus verlieren. Wenn dir das passiert, geh' wieder zu Beispiel 16a und wiederhole es immer wieder. Wenn du wieder auf den Schlag kommst, machst du eine Pause. Anders gesagt: Spiele alle sechs Noten des Durchlaufs und mach dann eine Pause, wenn du wieder auf der ersten Note landest. Mach dir noch nicht zu viele Gedanken darüber, wie du deine Noten gleichmäßig verteilst. Versuch einfach alle sechs Noten unterzubringen und wieder auf der ersten Note zu landen.

Der Trick ist, jetzt auch noch den Schwierigkeitsgrad zu erhöhen, indem wir ein Hindernis schaffen. In diesem Fall überspringen wir eine Saite:

Beispiel 16c:

Behalte entweder das Tempo bei oder mach es um 8 Schläge schneller. Und dann versuch den ganzen Durchlauf zu spielen. Vergiss den Rhythmus, aber versuch nur den Durchlauf zu schaffen und wieder auf der ersten Note zu landen. Dein Picking sollte dabei immer gleichbleiben.

Probier' dann zwei Durchläufe vor der Pause.

Und dann reduziere dein Metronom-Tempo wieder auf das Tempo, in dem du Schwierigkeiten bekommen hast und spiele das hier:

Beispiel 16d:

Mach dir keine Sorgen über die gleichmäßige Verteilung der Noten. Konzentriere dich einfach darauf, deine erste Note wieder auf den Klick zu spielen.

Das wird sich unsicher und unrhythmisch anfühlen. Aber die meisten Schüler finden es danach viel einfacher, den Durchlauf in dem Tempo zu spielen, in dem sie vorher Probleme hatten. Jetzt ist die Zeit gekommen, sich auf Rhythmus und Genauigkeit zu konzentrieren.

Du solltest jede Rotation in diesem Beispiel auf Schwächen untersuchen:

Beispiel 16e:

Beispiel 16f:

Beispiel 16g:

Beispiel 16h:

Beispiel 16i:

Das Zieltempo für solche Übungen ist Tempo 100 in allen Rotationen. Wenn es schwer wird, wende die Hindernismethode an. Das hilft dir, schneller zu werden.

Hier sind die anderen Muster, deren Rotationen du können solltest:

Beispiel 17a:

Beispiel 17b:

Beispiel 17c:

Beispiel 17d:

Übe sie genauso, wie die anderen. Wenn du beim Üben nicht mehr weiterkommst, verwende den Hindernis-Trick. Und denk dran: solltest du auch nur den geringsten Schmerz spüren, mach eine Pause und geh zum Arzt. Das liegt wahrscheinlich daran, dass du zu früh zu schnell spielen willst. Wärm dich immer auf!

Rhythmus

„Die Richtige Note zum Falschen Zeitpunkt Gespielt, ist eine Falsche Note."

In diesem Kapitel arbeiten wir an deinem grundlegenden Zeitgefühl. Deine innere Uhr ist wahrscheinlich der wichtigste Faktor in Bezug darauf, wie gut du dein Instrument spielst. Die gute Nachricht ist, dass die Übungen in diesem Abschnitt den unmittelbarsten und weitreichendsten Nutzen für dein Spiel haben werden.

Es ist einfach, die Gitarre schnell zu spielen und dabei Noten zu verschlucken. Das ist eines der systemimmanenten Probleme. Du musst nie atmen, um eine Note zu spielen. Und wenn du viele Noten schnell klingen lassen willst, ist Legato eine relativ einfache Technik dafür. Wir werden später noch untersuchen, wie man schnelle Noten in einen Schlag „quetscht". Aber bevor wir das angehen, werden wir zuerst an deinem Gefühl für den Schlag arbeiten, und wo er überhaupt *ist*.

Stell dir ein American Football Feld vor; die weißen Linien helfen uns, die Fläche aufzuteilen und zu beurteilen, wie viele Yards schon gewonnen sind, bevor der kleine Mann in der Rüstung umfällt. Die weißen Linien auf dem Feld sind für uns Musiker wie die Hi-Hats, Snares, Kicks und Toms eines Drum Grooves. Wenn wir die weißen Linien aus dem Feld nehmen würden, müssten wir unsere Wahrnehmung stark trainieren, um genau beurteilen zu können, wo der Mann umgefallen ist. Genau das werden wir mit unserem Schlagzeug machen. Wir nehmen alle überflüssigen Schläge raus, bis nur noch je ein Schlag auf 2 und 4, (die Snares), übrigbleibt, den wir mit unserem Metronom machen.

Das Metronom auf Zwei und Vier

Das kann am Anfang ziemlich schwer sein, aber bleib dran!

Stell dein Metronom auf Tempo 35.[4]

Sag laut „zwei" und dann „vier" auf jedem aufeinanderfolgenden Schlag. Das ist ein einfach Back-Beat auf einer Snare-Drum. Wenn du dich damit wohl fühlst, fülle die Abstände gleichmäßig, in dem du „eins" und „drei" sagst. Das ist ein bisschen knifflig, aber am Schluss kommt das dabei raus:

Metronom-Klick
„ein" „zwei" „drei" „vier"

Sei klar und selbstbewusst, wenn du laut zählst. Selbstsicherheit hilft enorm, den Schlag zu verinnerlichen.

---

[4] Manche Metronome kann man nicht so langsam einstellen. Wenn Deines das nicht kann, kannst du dir mittlerweile kostenlose Metronome auf dein Smartphone oder den PC herunterladen.

Gerade Notengruppen

Während du laut mit dem Klick zwei und vier zählst, spiel einen gedämpften Abschlag auf jedem Schlag. Du kannst auch einen Abschlag über alles Saiten spielen, wenn du alle Saiten dabei dämpfst. **Beispiel 18a** zeigt dir, wie das aussieht:

Metronom-Klick
P.M. = Palm Mute = Gedämpft Spielen

Hör sehr gut zu und achte darauf, ob du vor oder hinter dem Schlag bist. Übe dieses Beispiel solange bis du entspannt Noten auf den Schlägen eins, zwei, drei und vier spielen kannst, während das Metronom auf zwei und vier klickt.

Im nächsten Schritt teilst du die Viertelnoten in Achtelnoten auf. Spiele gleichmäßiges **ab auf, ab auf**... Picking, weil dir das dabei hilft, im Takt zu bleiben.

Das kannst du in **Beispiel 18b** hören:

Hör wieder gut zu und synchronisiere jeden dritten **Ab**schlag ganz exakt mit dem Metronom-Klick.

Wenn wir das Ganze noch einmal verdoppeln, fangen wir an, Sechzehntel zu spielen. Das wird in Beispiel 18c gezeigt. Hör aber nicht nur auf den Klick auf zwei und vier, sondern versuche auch zu hören, ob deine Sechzehntel gleichmäßig auf den Schlag verteilt sind.

Beispiel 18c:

Metronom-Klick

Diese Übungen werden vielleicht nicht sofort klappen. Sie sind schwierig. Aber sie sind auch so wesentlich für das Entwickeln eines guten Zeitgefühls, dass du soviel Zeit, auf sie verwenden solltest, wie notwendig ist, um sie zu verinnerlichen.

Triolen

Die nächste Übung beinhaltet Triolen und ist viel schwieriger. Jedoch basieren auf ihr die wichtigen Übungen, die noch folgen.

Hör dir die zugehörigen Audiobeispiele für Beispiel 18d an, bevor du spielst. Hör darauf, wie die Triolen vom Plektrum artikuliert werden. Es gibt einen klaren Akzent auf der ersten Note in jeder Triolengruppe.

Du solltest folgendes Picking verwenden:

AB auf ab Auf ab auf.

Das ist reines Alternate Picking in Dreiergruppen.

Beispiel 18d:

Metronom-Klick

Ich hab' ja schon erwähnt, dass diese Übung schwieriger ist. Aber sie bildet die Basis für viele der folgenden Übungen. Du musst Geduld aufbringen, wenn du es richtig anpacken willst. Dann sollte sich auch eine unmittelbare Verbesserung und rhythmisches Bewusstsein in deinem ganzen Spiel bemerkbar machen.

Zwischen Geraden Notengruppen Wechseln

Wenn die letzten Übungen Gestalt annehmen, solltest du weitergehen und anfangen, zwischen verschiedenen rhythmischen Gruppierungen zu wechseln. Und hier beginnt die große Herausforderung.

Schau dir Beispiel 18e an:

Um mehr Kontrolle über den Rhythmus zu bekommen, wechseln wir zwischen Viertel- und Achtelnoten. Achte wie immer darauf, genau auf den Klick zu spielen.

Beispiel 18e:

Wenn du mehr Präzision entwickelt hast, kannst du versuchen, das Metronom Richtung Tempo 30 zu reduzieren. Wenn du dein Metronom um einen Schlag langsamer stellst, verringert sich das Tempo effektiv um zwei Schläge.

Beispiel 18f liegt die gleiche Idee zugrunde, aber wir wechseln von Achtelnoten auf Sechzehntel:

Beispiel 18f:

Von Geraden zu Ungeraden Notengruppen Wechseln

Ich glaube die folgende Übung ist *eine der wichtigsten Übungen in diesem Buch.*

In Beispiel 18g lernst du zwischen Achtelnoten und Achteltriolen zu wechseln, während das Metronom langsam auf zwei und vier klickt.

Beispiel 18g:

Hör dir das Audiobeispiel ganz bewusst an, bevor du zu spielen beginnst. Diese Übung ist so nützlich, weil sie die natürliche Tendenz aufzeigt, in Triolen zu eilen und beim Wechsel in die geraden Achtel zu schleppen.

Spiele Beispiel 18g; wenn es dir hilft, tippe mit deinem Fuß die Schläge eins, zwei, drei und vier. Während du den Rhythmus langsam in den Griff bekommst, versuch so zu zählen: „1 und 2 und 3 und 4 und I 1-und-e 2-und-e 3-und-e 4-und-e". Wiederhole die Übung solange, bis du merkst, wie sich alles zusammenfügt.

Wenn du meinst, dass du's langsam raus hast, nimm dich selber auf, wie du gegen ein Metronom spielst. Das wird dir viel nützen und es ist ein großes Glück, dass wir heutzutage so einfachen Zugang zu diesem Hilfsmittel haben. Sei analytisch und extrem kritisch. Wahrscheinlich wird dir auffallen, dass du beim Wechsel in die Triolen etwas zu schnell spielst und ein wenig verzögerst, wenn du zurück zu den Achteln gehst.

An so hoher rhythmischer Präzision zu arbeiten wirkt sich massiv auf dein inneres Zeitgefühl aus. Wir teilen eine große Zeitspanne in unserem Kopf auf, (die langsamen Klicks auf zwei und vier) während wir gleichzeitig körperlich und geistig zwischen geraden und ungeraden Gruppierungen beim Spielen umschalten. Das wirkt wie Steroide auf den „Rhythmusmuskel" deines Gehirns.

Wenn du momentan keinen Gitarrenlehrer hast, übe mit einem Freund. Wenn das nicht geht, nimm dich selber auf, so oft du kannst. Denk dran: Sei ehrlich in Bezug auf deine Genauigkeit! Harte Arbeit in diesem Bereich wird sich in der Zukunft sehr auszahlen.

Es lohnt sich auch, einen weiteren Wechsel zu üben, der oft vorkommt: Der Wechsel von Triolen auf gerade Sechzehntel. Du wirst viele der Probleme in Beispiel 18g wieder antreffen, aber wenn du Beispiel 18f gut geübt hast, wird's dir leichter fallen.

Beispiel 18h:

Denk daran das Tempo *langsamer* zu machen, wenn die Beispiele anfangen dir leichter zu fallen.

In Beispiel 18i konzentrieren wir uns auf den Wechsel zwischen geraden Sechzehntel und Sechzehntel-Triolen. Das Tempo kann hier eine Herausforderung sein. Vergiss nicht, dass Tempo 35 auf deinem Metronom zu Tempo 70 führt. Finde ein Tempo, das einen guten Kompromiss zwischen Technik und rhythmischer Kontrolle darstellt.

Beispiel 18i:

Erweiterte Rhythmische Kombinationen

Übe die Beispiele 18j und 18k als ultimativen Test für deine rhythmische Kontrolle.

Beispiel 18j:

Beispiel 18k:

Melodischer Rhythmus

Natürlich ist es sehr gut, diese Übungen erst einmal auf einer Note zu machen, um ein stabiles Zeitgefühl zu entwickeln. Aber selbstverständlich müssen wir diese Rhythmen auch in einen melodischen Kontext stellen. Du weißt ja schon, dass verschiedene Fingerkombinationen in der Greifhand verschiedene Schwierigkeiten mit sich bringen. Es ist also entscheidend, den Rhythmus auch kontrollieren zu können wenn wir „normal" spielen. Wir werden die A-Dur-Tonleiter für das Üben von geraden Achteln verwenden.

Beispiel 19a:

Diese Herangehensweise funktioniert gut für alle Rhythmen, die wir schon besprochen haben. Spiele 18a bis 18f mit dem Metronom auf Tempo 30 und Klicks auf zwei und vier. Verwende auch jede der Übungen aus dem Abschnitt über „Picking" in diesem Buch. Vor allem die Tonleiterübungen funktionieren hier sehr gut.

Übe den Wechsel zwischen geraden Achteln und Triolen mit **Beispiel 19b**:

Wenn du Rhythmus auf diese Weise übst, wird er kontextualisiert und in praktische melodische Formen gebracht, die dir helfen die Information zu verinnerlichen.

Riff – Solo – Riff

Eine der besten Methoden das Einklinken in den Takt eines Stückes zu üben, ist ein einfaches Riff mit einem Metronom-Backbeat auf zwei und vier zu spielen und zwischen einem Takt Riff und einem Takt improvisiertem Solo hin und her zu wechseln.

Die meisten Menschen *denken*, dass sie ein bisschen Blues spielen können. Aber die folgenden Übungen zeigen dir, wie genau dein Zeitgefühl sein muss. Als ich dieses Beispiel zum ersten Mal geübt habe, war ich schockiert, wieviel Arbeit ich da reinstecken musste. Ich übe immer noch jeden Tag ganz ähnliche Ideen und sie bringen mich immer noch weiter.

Der Trick ist, mit einem *extrem* einfachen Solo zu starten.

In Beispiel 20a habe ich eine *sehr* einfache Bluesidee notiert. Sie dreht sich um ein Triolen-Blues-Riff, das sich immer wieder wiederholt und das du auf jeden Fall im Takt spielen können solltest. Bevor du triolische Solo-Fills versuchst, sollte dein Rhythmusspiel perfekt sein. Jedes Mal, wenn du deinen 3. Finger am IV. Bund verwendest, sollte das *absolut* synchron zum Metronom sein.

Beispiel 20a:

(Notation ist nur ein Beispiel. Audioaufnahme unterscheidet sich)

(Notation is an example only. Not the recorded version)

(Notation is an example only. Not the recorded version)

Wenn du anfängst, dich in den Takt und das Feeling *einzuklinken*, beginne Blues-Lines in jedem zweiten Takt zu improvisieren. Im letzten Beispiel findest du einige Ideen in der Moll-Pentatonik. Es ist nicht notwendig diese Melodien auswendig zu lernen, und sie sind in den Audiobeispielen auch nicht so eingespielt, wie sie hier notiert sind; improvisiere einfach ein paar Schläge in Triolen und konzentriere dich darauf, das unmittelbar bevorstehende Blues-Riff, ganz präzise im Takt zu spielen.

Es ist immer wieder interessant wie schwierig das den meisten Menschen fällt. Auf einmal kriegen Schüler, die vorher über das Griffbrett gewirbelt sind, nicht einmal mehr den einfachsten Blues-Lick in der Moll-Pentatonik hin. Sei nicht frustriert, wenn dir das auch passiert, sondern betrachte es als eine Gelegenheit deine Technik zu stärken und sie auf einer stabileren rhythmischen Basis von Grund auf neu aufzubauen. Es dauert nicht *so* lange, wieder auf das Niveau hinzuarbeiten, auf dem du schon gespielt hast. Aber wenn du wieder dort ankommst, wird dein Spiel viel mehr im Takt und viel effektvoller sein.

Hier ist eine Variation von Beispiel 20a, aber diesmal ist das Riff ein ganz gerader Rockgitarren-Groove. Das wird dir helfen, Achtel, Sechzehntel und Sechzehntel-Triolen zu üben.

Beispiel 20b:

Solo Fill...

Das ist etwas komplizierter. Hör dir also gegebenenfalls den Rhythmus auf der Audiodatei an.

Wenn du besser wirst, versuche die Zeit für das Riff und das Solo jeweils zu verdoppeln, wie du es in Beispiel 20c siehst.

Nuno Bettencourt von *Extreme* ist ein Meister dieser Riff/Fill-Idee.

Du kannst deine Kontrolle über den Rhythmus testen, indem du eine durchgehende Tonleiter als fortlaufenden Loop spielst, während ein Metronom auf eins, zwei, drei und vier schlägt, das du aber so programmiert hast, dass es jeden zweiten Takt aussetzt. Das können nicht alle Metronome, aber wenn dir Sequenzer, wie Pro Tools, Sibelius, Cubase oder Garage Band zur Verfügung stehen, kannst du so etwas ganz leicht programmieren. Starte in Tempo 60 und versuche die folgenden Tonleitern aufwärts und abwärts zu spielen. **Beispiel 20d:**

Dabei sollte dein Spiel perfekt synchron mit dem Metronom-Klick sein, wenn es wieder anfängt zu klicken. Wenn du besonders mutig bist, kannst du das Metronom vor dem Takt Stille auch auf zwei und vier stellen.

Probiere die letzte Übung auch mit Triolen, Sechzehntel, Sechzehntel-Triolen und allen Rhythmuskombinationen, die dir einfallen.

Rhythmische Sechzehntel-Kombinationen

Die Rhythmen in diesem Kapitel gehören zum grundlegenden Repertoire aller Gitarristen. Sie bilden die Basis tausender Rock-, Pop- und Funk-Riffs und du solltest sie perfekt spielen können. Für deine Technik sind sie unentbehrlich. Übe die folgenden Beispiele, um sie zu lernen. Achte vor allem gut auf das Picking:

Beispiel 21a:

Ganz offensichtlich ist dieses Beispiel ein Fall von durchlaufendem Alternate Picking; ich möchte aber deine Aufmerksamkeit darauf lenken, weil es die Basis für die nächsten drei Beispiele bildet. Wir werden uns anschauen, was passiert, wenn wir anfangen diesen Rhythmus zu variieren, indem wir einige Noten in jeder Vierergruppe auslassen. Übe das Folgende:

Beispiel 21b:

In Beispiel 21b habe ich im ersten Takt die ersten beiden Noten jeder Vierergruppe gebunden. In der Musik bedeutet das, dass du die erste Note spielst und sie um den Wert der zweiten Note klingen lässt.

Anders gesagt, schlage die erste Note an; halte sie solange, wie die zweite Note klingen würde und schlage dann die dritte Note als nächstes an.

Wenn man zwei Sechzehntelnoten auf diese Weise verbindet, erhalten sie den gleichen Wert, wie eine einzelne Achtelnote.

Der zweite Takt im Beispiel zeigt *genau* den gleichen Rhythmus, wie der erste Takt. Er ist hier nur besser verständlich notiert.

Sieh dir jetzt die Picking Richtungen am unteren Rand der Zeile an. Da wir die zweite Note im Rhythmus weggelassen haben, nehmen wir einfach diesen Aufschlag aus dieser Sequenz heraus.

Wenn wir den Rhythmus so spielen, gibt uns das eine extrem verlässliche Methode, unser Timing zu kontrollieren. Hör dir die beigefügten Audiobeispiele an, um zu hören, wie das gespielt wird.

Auf ganz ähnliche Weise bindet Beispiel 21c die zweite und dritte Note der Viergruppe zusammen:

Beispiel 21c:

Auch hier ist der Rhythmus im zweiten Takt identisch mit dem Rhythmus im ersten Takt.

Lasse hier in jeder Viergruppe das dritte Picking (ein Abschlag) weg. Spiele mit dem Audiobeispiel mit, bis du das verinnerlicht hast.

Beispiel 21d zeigt die letzte Kombination:

Diesmal lassen wir das letzte Picking in jeder Viergruppe weg. Dein Picking für den ganzen Takt ist „**Ab auf ab. Ab auf ab**". Usw.

Lass uns jetzt einige rhythmische Möglichkeiten für jeden Schlag kombinieren.

Beispiel 22a:

Ich habe auf Schlag 4 eine Viertelnote notiert, damit sich deine Picking Hand etwas erholen kann, bevor es in die Wiederholung geht.

Um den letzten Rhythmus zu spielen, analysiere jeden Schlag auf sein individuelles Picking:

Ab. Ab Auf

Ab auf. Ab

Ab auf. Auf

Ab

Sprich' laut den oberen Rhythmus zusammen mit einem Klick auf Tempo 60, so dass du jeden Anschlag verinnerlicht hast, bevor du ihn spielst. Hör dir auch das Audiobeispiel an. Das wird dir helfen.

Spiel denselben Rhythmus mit ein paar gedämpften Powerchords: Hört sich sofort an wie Metallica!

Beispiel 22b:

Hier sind noch mehr Rhythmen, damit du was zu tun hast. Sie funktionieren alle super als Funk-, Rock- oder Fusion-Rhythmen.

Beispiel 22c:

Beispiel 22d:

Beispiel 22e:

Versuche jetzt, wie schon bei Beispiel 22b, aus jeder Zeile Riffs und Solos zu machen. Du könntest zum Beispiel versuchen, Tonleitern, Intervalle, Dreiklänge oder Arpeggios mit den Rhythmen in diesem Abschnitt zu üben. Hier ist ein Beispiel, wie man den Rhythmus aus Beispiel 22a mit einer einfachen aufsteigenden *A-Dur-Tonleiter* kombiniert:

Beispiel 22f:

Das ist ein tolles Beispiel, weil du die „ab auf ab auf"-Regel aus diesem Kapitel beim Saitenwechsel brichst, wenn du hier Ecomomy Picking machst. Mit Economy Picking arbeitest du mit diesem Beispiel an deinem inneren Zeitgefühl, anstatt dich auf dein Picking zu *verlassen*, um die Zeile richtig zu spielen.

Legato

Legato bedeutet „gebunden". In der Musik bedeutet das, dass eine Note in die nächste übergeht, ohne dass man eine Lücke oder einen Anschlag zwischen den beiden hört.

Es gibt grundsätzlich drei Arten, wie man auf der Gitarre Legato spielt;

Hammer-On mit der Greifhand (Aufschlagsbindung)

Pull-Off mit der Greifhand (Abzugsbindung)

Tapping mit der rechten Hand

Dieser Abschnitt beschäftigt sich mit *Hammer-Ons*, *Pull-Offs* und den speziellen rhythmischen Schwierigkeiten die mit ihnen verbunden sind und mit der Physiognomie unserer Hände zu tun hat.

Legato ist eine unentbehrliche Gitarrentechnik, weil es nicht nur perkussive Klickgeräusche des Plektrums reduziert, sondern uns auch ermöglicht extrem schnell zu spielen, indem wir eines der Haupthindernisse, das Picking, weglassen. Es ist allerdings schwieriger rhythmisch exakte Gruppierungen zu spielen. Für rhythmische Ungenauigkeiten beim Legato gibt es zwei Hauptgründe:

Wir können uns nicht länger auf das Plektrum verlassen um „im Rhythmus" zu bleiben.

Aufeinanderfolgende Noten auf der gleichen Saite können „nach vorne fallen", während Saitenwechsel das Spiel verzögern können.

Dass Noten auf der gleichen Saite nach vorne fallen, liegt hauptsächlich in der Physiologie unserer Hände. Wenn du mit deinen Fingern auf einer Tischplatte trommelst, haben sie keine natürliche Tendenz (zum Beispiel) in perfekten Achteln oder Sechzehntel zu fallen. Dieses „nach vorne fallen" deiner Finger müssen wir kontrollieren, wenn wir an einer stabilen Legato-Technik arbeiten.

Einfache Beispiele

Fangen wir mit Hammer-Ons an.

Notation:

> = Picking

= Bindung (Hammer-On oder Pull-Off)

Beispiel 23a:

Spiele zunächst mit deinem 1. Finger auf der h-Saite am V. Bund. Spiele sie laut und klopfe dann deinen 2. Finger auf den VI. Bund. Lass deinen 1. Finger dabei liegen. Und jetzt klopfe deinen 4. Finger auf den VIII. Bund, während du den 2. Finger auf dem VI. Bund liegen lässt.

Das sollte sehr sauber klingen. Hör dir das Audiobeispiel an, um einen Eindruck zu bekommen. Wenn du die Übungen in diesem Kapitel machst, stelle deinen Verstärker auf „clean". Verzerrter Sound staucht das Klangspektrum und verschleiert Fehler und Schwächen.

Für Pull-Offs drehen wir die Übung einfach um:

Beispiel 23b:

Starte, in dem du *alle drei* Finger auf die h-Saite legst. Schlage die erste Note an und ziehe/schnalze dann deine Finger abwärts von der Saite, um die folgenden Noten anzuschlagen. Konzentriere dich auf *Lautstärke* und *Kraft*. Wenn du die nächstgelegene Saite mit dem Pull-Off erwischst und sie klingt, ist das momentan nicht so schlimm. Es wird sich von selber lösen, wenn du mehr Kontrolle hast.

Kombinieren wir die beiden letzten Beispiele:

Beispiel 23c:

Schlage wieder nur die erste Note an und konzentriere dich Lautstärke und Kraft. Achte darauf, dass deine Finger gebogen sind und du genau auf deinen Fingerspitzen spielst. Die benachbarte e-Saite sollte mit der Fingerbeere deines 1. Fingers gedämpft werden, während du am V. Bund greifst.

Wenn du das letzte Beispiel 8 Mal durchspielen kannst, versuch es folgendermaßen zu loopen:

Beispiel 23d:

Schlage die erste Note nur einmal an, egal wie viele Wiederholungen du schaffst. Versuche die Dynamik mit Kraft deiner linken Hand aufrechtzuerhalten.

Verschiebe dieses Beispiel über andere Saiten und Positionen. Die Abstände der Bünde werden kleiner, je weiter nach oben du am Griffbrett gehst. Das kann sich auf deine Handposition auswirken. Versuche das kleine Beispiel auch als Sechzehntel-Triolen zu spielen:

Beispiel 23e ist großartig, um Kontrolle über die Greifhand zu entwickeln.

Beispiel 23e:

Dein Ziel sollte zunächst bei Tempo 60 für Beispiel 23e liegen. Wenn du es schneller schaffst, ist das toll, aber hör gut hin, ob es Lücken zwischen den Noten gibt, und konzentriere dich darauf, auf dem Schlag nicht zu eilen oder zu verzögern.

Verlangsame dieses Beispiel versuchsweise auf Tempo 35. Hier musst du deine Finger wirklich kontrollieren, um die Noten gleichmäßig spielen zu können.

Legato Mit Allen Vier Fingern

Das nächste Beispiel hilft dir Kontrolle über alle vier Finger der Greifhand zu entwickeln. Schlage wie immer nur die erste Note jeder Gruppe an.

Beispiel 24a:

Übe das obere Beispiel auf Tempo 50. Konzentriere dich darauf, dass der Hammer-On (die Aufschlagsbindung) akzentuiert auf dem Schlag landet.

Verschiebe diese Übung wieder auf andere Saiten und in andere Positionen. Wenn du die Übung auf den Bünden I bis IV machst, wirst du einen großen Unterschied im Schwierigkeitsgrad feststellen.

Geh jetzt zurück auf Seite 8 und versuche die an einigen Permutationsübungen. Aber diesmal schlägst du natürlich nur die erst Note auf jeder Saite an. Hier ist ein Beispiel:

Beispiel 24b:

Die meisten Übungen des Abschnitts über Picking in diesem Buch können als Legato-Übungen notiert werden. Sei einfach kreativ beim Üben.

Eine der besten Übungen für Kraft in den Fingern, ist die auf Seite 13. Hier ist sie also Legato-Übung notiert.

Beispiel 24c:

Hold 1st finger down throughout

60

Achte darauf, nur die erste Note auf jeder Saite anzuschlagen. Dein Zieltempo ist 80 Schläge pro Minute.

Wie immer gilt: wenn du Schmerzen oder sonstige Beschwerden hast, hör sofort auf und geht zum Arzt.

Die Greifhand Schneller machen

Ein schnelles Legato-Tempo entwickelt man am besten mit kleinen explosiven Übesequenzen. Anstatt deine Priorität darauf zu legen, möglichst lange so schnell wie möglich zu spielen, spiele nur kurze Abschnitte in einem hohen Tempo. Versuche diese Übung auf Tempo 100.

Beispiel 25a:

Lasse jede Note auf dem VII. Bund mit dem Metronom-Klick zusammenfallen, so dass dein Rhythmus gleichmäßig bleibt.

Mach diese Übung in Achterschritten schneller. Übe Schnelligkeit auf folgende Weise:

1) Stelle das Metronom (in diesem Fall) auf Tempo 100 und nimm dich dabei auf, wie du viermal die Übung durchspielst.

2) Hör oder sieh dir die Aufnahme an. Wenn die Noten gleichmäßig über den Schlag verteilt sind, erhöhe das Tempo um 8 Schläge pro Minute. Es ist wichtig, dass du hier ganz ehrlich mit dir selbst bist.

3) Wenn du zu Tempo 140 kommst, halbiere das Tempo auf 70 und spiele **doppelt** so viele Noten. Du spielst jetzt Sechzehntel:

4) Wiederhole die Schritte 1 und 2 bis du an einen Punkt kommst, an dem du entweder die Übung nicht mehr spielen kannst, oder der Rhythmus auseinander fällt.

5) Reduziere dann das Metronomtempo um 20% und *untersuche genau den Teil der Übung, den du nicht kannst.* Egal, wo das Problem liegt, isoliere die Stelle und übe diesen Teil separat.

6) Erhöhe das Metronomtempo um **40 Schläge** und spiele weiterhin *nur den Teil der Übung, der dir schwerfällt.* Das sollte so gut wie unmöglich sein, aber versuch es ein paar Mal. **Mach dir hierbei nicht zu viele Gedanken um perfektes Timing, sondern versuche einfach auf den Klicks des Metronoms zu landen.**

7) Und jetzt versuche einen kompletten Durchlauf der Übung in dem hohen Tempo. Das sollte fast unmöglich sein, aber versuche es trotzdem ein paar Mal, auch wenn du es nicht schaffst.

8) Stelle zum Schluss das Metronom auf 5 Schläge **unter** dem Tempo an dem du ursprünglich gescheitert bist und fahre mit der Übung fort, indem du jedes Mal das Tempo um 8 Schläge erhöhst.

Diese Methode sollte die meisten technischen Probleme lösen, bei denen du „gegen eine Wand läufst".

Schnelligkeit über Verschiedene Saiten

Die Übungen in diesem Kapitel entwickeln Schnelligkeit und Koordination bei Saitenwechseln im Legatospiel.

Schlage bei allen Übungen nur die erste Note auf jeder neuen Saite an. Lass auch bei jeder anschließenden Wiederholung den ersten Anschlag weg. Du hast die Saite bereits am Ende des zweiten Taktes angeschlagen.

Wiederhole jedes Beispiel so oft wie möglich auf Tempo 80.

Beispiel 25b:

Beispiel 25c:

Beispiel 25d:

Legato Rotationen

In diesem Kapitel schauen wir uns noch einmal die Picking Übungen aus den Beispielen 7a - 7h an. Aber dieses Mal verwenden wir sie als Legato-Übungen, damit unsere Finger lernen, die rhythmischen Unterteilungen perfekt von jedem Punkt der Rotation aus auszuführen. Schauen wir uns zunächst noch einmal Beispiel 7a an:

Beispiel 26a:

Wie du siehst fallen die meisten Anschläge weg. Wir folgen immer noch den „Regeln" des Economy Picking, aber wir schlagen nur beim Saitenwechsel an.

Wie schon erwähnt, hat Legatospiel eine Tendenz, Noten auf der gleichen Saite *zusammenzuziehen* und beim Saitenwechsel Zeit zu verlieren. Im oberen Beispiel würde ich zum Beispiel erwarten, dass der Schüler „8, 6, 5" und 5, 6, 8" zu schnell spielt und beim Saitenwechsel stockt.

Das ist nicht immer der Fall, aber es scheint auf 90% der Schüler zuzutreffen.

Stelle dein Metronom auf 50 und spiele die letzte Übung ganz exakt. Schlage nur den Saitenwechsel an und *höre gut hin, ob die Noten mit dem Metronom synchron sind*. Diese Übung, langsam gespielt, schärft enorm dein Bewusstsein für den Rhythmus in Zusammenhang mit dem Puls.

Das Hören ist der wichtigste Teil dieser Übung. Hör dir das Audiobeispiel an und achte darauf, wie ich synchron zum Klick spiele.

Es ist sehr wichtig, dieses Beispiel als Rotation zu sehen und von jeder Note der Sequenz zu beginnen, wie wir es schon im Kapitel über Picking gemacht haben. Nur so kannst du die natürliche physiologische Tendenz ausgleichen und verhindern, dass du Hammer-Ons und Pull-Offs zu schnell spielst.

Die zweite Rotation ist gar nicht so leicht:

Beispiel 26b:

Es ist die gleiche Sequenz wie in Beispiel 26a, aber diesmal beginnen wir auf der zweiten Note.

Dein 4. Finger spielt die erste Note auf Schlag 1, (8). Wenn du danach die Wiederholung spielst, geht ihr eine Note, (5), auf der Saite darüber voraus. Dieser Wechsel von Schlag „vier-und" zu Schlag eins fällt den meisten meiner Schüler relativ schwer. So einen Saitenwechsel von einer höheren zu einer tieferen Saite, während du mit dem 4. Finger auf dem Schlag landen sollst, zu meistern, ist für gutes Legato Timing *unglaublich wichtig*.

Eine Sache, die diese Übung schwierig macht, ist die Tatsache, dass du zwei Anschläge direkt hintereinander hast und dazwischen einen längeren Legato-Abschnitt.

Spiele die Übung am Anfang auf Tempo 50 und werde dann schrittweise langsamer, sobald dein Timing exakt ist. Reduziere das Metronomtempo in Fünferschritten. Je langsamer du wirst, desto besser wirst du das Ganze kontrollieren können.

Wenn du die Übung in Tempo 30 spielen kannst, fange an, das Metronom wie üblich wieder schneller zu stellen.

Praktisch jede Rotation dieser Übung stellt dich vor neue technische Herausforderungen. Alle drehen sich darum, dass du deinen Rhythmus kontrollierst, während du zwischen Picking und Legato bei Saitenübergängen wechselst.

Die komplette Rotationsreihe für diese Übung sieht so aus:

Beispiel 26a:

Beispiel 26b:

Beispiel 26c:

Beispiel 26d:

Beispiel 26e:

Beispiel 26f:

Beispiel 26g:

Beispiel 26h:

Diese Beispiele sehen trügerisch einfach aus. Aber sie sind es nicht! Jedes einzelne stellt dich vor eine einzigartige Herausforderung.

Im Einzelnen sind das

Beispiel 26b: Kleiner Finger auf dem Schlag.

Beispiel 26d: Drei Anschläge hintereinander.

Beispiel 26f: Kleiner Finger auf dem Schlag.

Beispiel 26g: Schlag eins liegt mitten in der Legato-Sequenz.

Beispiel 26h: Schnelle Wechsel zwischen 1. und 4. Finger auf verschiedenen Saiten. Drei Anschläge hintereinander.

Arbeite langsam, aber wenn du dich deines Rhythmus und deines Timings sicher fühlst, erhöhe das Metronomtempo um 8 Schläge. Wende die Methode zum Schneller Werden an, wie sie weiter vorne im Buch beschrieben wird, falls du nicht weiterkommst. Wenn du bei Tempo 120 ankommst, stelle das Metronom auf 60 und mach mit Sechzehnteln weiter:

Beispiel 26a (als Sechzehntel gespielt):

Das klingt vielleicht albern, aber dein Fuß ist das nützlichste Hilfsmittel, das dir bei diesen Übungen zur Verfügung steht. Tippe deinen Fuß **die ganze Zeit**, damit du die Noten besser auf den Schlag setzen kannst; vor allem, wenn du schnell spielst.

Übe das mit den anderen häufig gebrauchten Tonleiter-Loops aus dem Abschnitt über Picking in diesem Buch.

Beispiel 27a:

Beispiel 27b:

1st   4th   2nd   1st   3rd

Das Gleiche gilt für die Rotationen mit Sechzehntel-Triolen, die du schon geübt hast. Ich zeige hier nur die erste Rotation von jedem Beispiel:

Beispiel 28a:

Beispiel 28b:

Beispiel 28c:

4 2 1 4 2 1

Beispiel 28d:

Beispiel 28e:

Denk dran, dass du zum Schneller-Werden immer die Hindernis-Methode anwenden kannst, die auf Seite 41 beschrieben wird.

Legato Auf Leeren Saiten

Legato, mit Pull-Offs auf leere Saiten, kommt häufig vor und ist eine nützliche Technik. Sie wird von vielen Gitarristen als toller Effekt eingesetzt. Joe Satriani's *Summer Song* bei ungefähr 01:55 ist ein fantastisches Beispiel dafür.

Schauen wir uns den Anfang einer berühmten Rockmelodie an, um an dieser Technik zu arbeiten. Angus Young spielt alles als Picking, aber man kann das wunderbar als tolle Legato-Übung verwenden.

Beispiel 29a:

Bei dieser Übung gibt es zwei schwierige Bereiche:

Versehentlich die 1. Saite beim Pull-Off anzuschlagen,

Kraft in der Fingerkombination 1/4 aufzubauen.

Weil wir das als Legato-Übung verwenden, möchte ich, dass du nur die erste Note der Sequenz anschlägst; das ist die leere h-Saite. Von dort aus sollte jede Note entweder von der linken Hand „aus dem Nichts" aufgeschlagen oder auf die leere Saite abgezogen werden.

Am Anfang ist es ok, mehr auf die Kraft zu achten als die Genauigkeit. Vor allem, wenn du noch nie so gespielt hast. Du musst wahrscheinlich stärker aufschlagen, als du denkst. Jeder Hammer-On sollte so laut wie der Anschlag am Anfang sein.

Deine Pull-Off sollten wirklich energetisch sein. Vielleicht erwischst du die leere e-Saite am Anfang, aber jetzt sind Kraft und Lautstärke wichtiger.

Baue Tempo und Kondition über ein paar Tage hinweg auf. Konzentriere dich nach einiger Zeit darauf, die Bewegungen deiner Greifhand kleiner zu machen, ohne dass deine Bindung leiser wird.

Jede Legato-Note sollte genau so laut sein wie der erste Anschlag.

Solltest du immer wieder versehentlich die leere e-Saite erwischen, versuche deine Greifhand *ganz* wenig um den Hals herum zu führen, so dass deine Finger sich zu dir hinbewegen. **Dein Zeigefinger sollte *seitlich* immer leichten Kontakt zur Unterseite des Halses halten. Wenn du das richtigmachst, wird der Fingerballen des Zeigefingers Kontakt zur hohen e-Saite haben und diese dämpfen.**

Wenn du das raushast, verzerre deinen Klang ein wenig und konzentriere dich darauf, jede Note sauber zu spielen.

Im nächsten Teil des Intros springst du etwas mehr über das Griffbrett:

Beispiel 29b:

Mit diesem Teil kannst du daran arbeiten, dass dein 1. und 2. Finger auch bei größeren Intervallen noch mit Kraft und Genauigkeit agieren. Gehe genauso vor wie bei Beispiel 29a.

Das nächste Beispiel verwendet *die Bluesskala in G-Moll* und kombiniert Anschläge auf leeren Saiten ganz großartig mit Pull-Offs auf leere Saiten. Achte besonders auf das Picking. Die angeschlagenen Noten erzeugen durch die Artikulation der einzelnen Noten ein polyrhythmisches Gefühl.

Das hört sich in einem schnelleren Tempo super an.

Beispiel 29c:

Schau mal, ob du es in die zweite Oktave weiterführen kannst.

Du könntest das obere Beispiel mit doppelten Pull-Offs erweitern und noch einen größeren polyrhythmischen Effekt á la Joe Satriani erreichen:

Beispiel 29d:

Tonleitern mit Zwei bzw. Drei Noten pro Saite

Bevor wir uns der Anwendung der „klassischen" Legato-Läufe mit drei Noten pro Saite, wie sie in den 70er und 80er Jahren populär wurden, widmen, ist es meines Erachtens wichtig, dass wir uns zunächst die *modalen* Tonleiterformen mit sowohl zwei, als auch drei Noten pro Saite anschauen. Du wirst schnell bessere rhythmische Kontrolle über deine Greifhand bekommen, wenn du Legato-Fingersätze über Tonleitern mit verschieden vielen Noten pro Saite lernst. Denk dran: Einige Fingersatzkombination werden stärker sein, als andere und es wird eine Tendenz geben, in den Dreier-Notengruppen zu eilen und in den technisch schwierigeren Zweier-Notengruppen zu verzögern.

Lerne zunächst jede Form als separate Einheit mit dem Metronom auswendig. Beginne auf einem bequemen Tempo. Normalerweise liegt das so bei Tempo 60, wenn du Sechzehntel spielst. Und mach dir nicht zu viele Sorgen um spezifische Fingersätze für Tonleitern.

Übe jeweils nur eine Tonleiterform. Das heißt, zum Beispiel: in der ersten Woche übst du Form 1, in der zweiten Woche Form 2 usw.

In der ersten Phase ist es wichtig, sicher und mit einem guten Rhythmusgefühl jede Form auf- und abwärts spielen zu lernen. Du solltest diese Formen ohne rhythmische Ungenauigkeiten beim Wechsel zwischen Zweier- und Dreiergruppen über die verschiedenen Saiten in Sechzehntelnoten spielen können und jeweils nur die erste Note pro Saite anschlagen. Versuche die Formen in Achtelnoten auf Tempo 40 zu spielen, um sicherer zu werden.

Die folgenden Tonleitern sind verschiedene Modi von G-Dur.

Beispiel 30a: Form 1

Beispiel 30b: Form 2

Beispiel 30c: Form 3

Beispiel 30d: Form 4

Beispiel 30e: Form 5

Sobald du beginnst, Kontrolle über alle sechs Saiten zu bekommen, versuche einige Picking Beispiele von Seite 30 anzuwenden.

Tonleitern mit Drei Noten pro Saite

Du weißt wahrscheinlich schon, dass die Tonleitern aus dem letzten Kapitel auch als sieben Tonleiterformen mit jeweils drei Noten pro Saite arrangiert werden können. Meistens werden diese in schnellen Läufen von Sechzehntel-Triolen verwendet. Aber du solltest sie auf jeden Fall als gerade Sechzehntel lernen, um noch mehr Kontrolle über deine Greifhand zu entwickeln. Hier sind einige wenige der häufig verwendeten Tonleiterformen mit drei Noten pro Saite. *Hiervon gibt es keine Audiobeispiele:*

Beispiel 31a:

Beispiel 31b:

Beispiel 31c:

Beispiel 31d:

Beispiel 31e:

Beispiel 31f:

Beispiel 31g:

Du solltest diese Muster genauso wie die vergangenen Abschnitte bearbeiten. Strebe nach rhythmischer Perfektion und, wenn du Intervallsprünge, Tonleitermuster, Dreiklänge und Arpeggios übst, spiele laute, saubere, klar definierte Töne. Im nächsten Kapitel geht es um einige häufig verwendete Muster und Licks mit drei Noten pro Saite, mit denen du experimentieren solltest.

Muster und Fragmente mit Drei Noten pro Saite

Wenn du dir die meisten „Shred"-Gitarristen aus den Achtzigern anhörst, wirst du merken, dass ein großer Teil ihrer schnellen Läufe von diesen Mustern mit drei Noten pro Saite abstammen. Einige Ideen klingen ein wenig altmodisch, aber sie sind ein wichtiger Teil des Rockgitarrenvokabulars und du solltest sie kennen. Diese Muster sind tatsächlich grenzenlos, aber die meisten von ihnen funktionieren durch einheitliche einfache Fingersätze und normales rhythmisches Phrasing. Als ich früher diese Ideen transkribiert habe, fand ich einige extrem schwierig zu spielen. Das lag meistens daran, dass ich sie in der falschen Lage auf der Gitarre gespielt habe.

Das Griffbrett wird zwar größtenteils von *bequemen* Mustern mit drei Noten pro Saite abgedeckt, aber einige Muster können extrem unangenehm bei Saiten- oder Lagenwechseln sein.

Fürs Erste möchte ich dir dazu raten, dass du etwaige besonders schwierige Griffbrettbereiche bei den folgenden Mustern einfach meidest und woanders spielst!

Hier sind einige praktische Legato (oder angeschlagen gespielte) Muster, die du kennen solltest. Ich habe hier die Kernidee notiert, aber es wird dir mehr nützen, wenn du alleine lernst, wie du jede Idee in einer anderen Lage auf dem Griffbrett spielen kannst.

Beispiel 32a:

Beispiel 32b:

Beispiel 32c:

Beispiel 32d:

```
    3    3    3    3    3    3    3    3

T                  2—3—5            3—5—7            5—7—8            7—8—10
A     1—3—5             3—5—7            5—7—8            7—8—10
B
```

Beispiel 32e:

```
    3    3    3    3    3    3    3    3

T     12—10—8            10—8—7            8—7—5            7—5—3
A            12—10—8            10—8—7            8—7—5            7—5—3
B
```

Beispiel 32f:

```
                                              3         3

T     8—7—10—8—7
A            10—8—7—10—8—7
B                          9—7—5—9—7—5            9—7—5—9—7—5
                                                              9
    3    3    3    3    3    3
```

78

Beispiel 32g:

```
15—14—12——14—12——12
          15—    15—13——  15—13—12—15—13—12——13—12——12
                                              14—    14—12——14—12—11
```
3 3 3 3 3 3 3 3

Beispiel 32h:

```
                                                    7——        7—9——  7—9—10
                                  7—9—10—7—9—10——  9—10——  10——
                  7—9——    7—9—10—
        7——  8—10——
7—8—10——
```
3 3 3 3 3 3 3 3

Legato auf Einer Saite

Aufsteigende und absteigende Legato-Muster auf einer Saite sind wichtig für die melodische Fortführung einer Idee. Sie sind extrem nützlich, wenn es um Lagenwechsel geht und helfen uns dabei moderne Melodielinien zu erzeugen, die endlos aufzusteigen scheinen.

Der Trick ist, sich genau zu überlegen, mit welchem Finger man den Lagenwechsel ausführt. Achte bei den folgenden Beispielen besonders auf den notierten Fingersatz. Es ist außerdem in diesem Beispiel wichtig, die Noten klingen zu lassen, wenn du zwischen verschiedenen Lagen hin- und hergleitest. Halte guten Kontakt zwischen Fingerkuppe und Saite und gleite so kraftvoll, wie du kannst.

Beispiel 33a:

```
  4        4   4      4   4      4   4      4
5—2—3—5—7—3—5—7—8—5—7—8—10—7—8—10
```

Beispiel 33b:

Beispiel 33c:

Beispiel 33d:

Probiere die obigen Beispiele auf jeder Saite und achte darauf, dass du dabei nicht die benachbarte Saite mit anschlägst. Diese Beispiele in der Tonart G notiert. Versuche sie außerdem in so vielen anderen Tonarten zu spielen, wie du kannst.

Techniken des Ausdrucks

Dieser Abschnitt führt uns wieder zu unserem Spruch vom Anfang: *Du bist, was du übst.* Wenn du nur Übungen spielst, wird deine Musik kalt und steril rüberkommen. Dein Publikum jedoch reagiert viel mehr auf Emotion und Gefühl in der Musik, als schieres technisches Können. Deshalb ist es unumgänglich, dass du deine Leidenschaft und Energie, die du beim Spielen fühlst, auch zum Publikum transportierst.[5]

Das kann man natürlich schwer lehren; ich kann nicht einfach in deine Seele greifen und deine Gefühle an die Oberfläche ziehen. Aber ich kann dir hier einige musikalische Techniken zeigen, die oft mit einem Spiel einhergehen, das Gefühle anspricht.

Denk daran, dass die Spieler, die (zumindest bei mir) die meisten Gefühle auslösen, nie die sind, die alles technisch perfekt spielen. Es sind die, die ihre ganze Leidenschaft in die Musik legen. Da macht die geschmackvolle Verwendung von Dynamik und Phrasierung gelegentliche technische Fehler mehr als wett.

Und es gilt wieder: *Wieviel Technik brauchst du?* Glaubst du nicht, dass du deine Zeit besser investierst, wenn du daran arbeitest, dass deine Musik das Publikum wirklich anspricht?

Vibrato

Meiner Meinung nach ist Vibrato einer der zwei wichtigsten expressiven Effekte. Er verleiht deiner Phrase eine stimmliche Qualität und bringt deine Musik zum singen. Es gibt viele Arten, aber wir werden uns hier auf zwei konzentrieren: *Axial* und *radial.*

Beim axialen Vibrato ziehst du die Saite und damit den Ton schnell und immer wieder nach oben, *parallel* zur Gitarrensaite.

Das radiale Vibrato ist eher ein Bending der Saite; dein Handgelenk bewegt sich senkrecht zur Gitarrensaite und du benutzt einen Finger als Dreh- und Angelpunkt auf der Unterseite des Halses. Das ist schwieriger, aber die Ergebnisse sprechen für sich.

Axiales Vibrato

Wenn du ein axiales Vibrato machen möchtest, greifst du einfach die Note besonders fest und bewegst dein Handgelenk (achte darauf, dass es locker ist) schnell vor und zurück, parallel zum Hals der Gitarre. Dein Daumen wird den Hals in den meisten Fällen dabei loslassen, damit es leichter wird, die Bewegung schnell zu machen. Diese Bewegung zusammen mit einem festen Griff, so dass die Fingerkuppe nicht verrutscht, zieht die Saite leicht nach oben bevor sie zum Ausgangspunkt zurückkehrt. Mit dieser einfachen Technik kannst du deiner Musik auf langen Tönen Leben und Dynamik einhauchen.

Der Effekt ist subtil und es ist wichtig ihn mit allen Fingern deiner Greifhand zu üben. Tatsächlich ist es viel schwieriger ein gutes Vibrato mit dem 4. Finger zu machen, als mit dem 1.

Hier ist eine Übung, um gutes axiales Vibrato zu entwickeln:

---

[5] Natürlich schließen sich gute Technik und leidenschaftliches Spiel nicht gegenseitig aus.

Beispiel 34a: Axiales Vibrato.

Denk dran, den Daumen vom Gitarrenhals zu nehmen, damit dein Handgelenk sich schnell und gleichmäßig vor und zurück bewegen kann.

Übe auch den Wechsel zwischen schnellem und langsamem Vibrato für noch effektvolleres Spiel. Das hörst du in Audiobeispiel 34a Teil 2.

Übe das Beispiel oben in verschiedenen Lagen auf dem Griffbrett und auf verschiedenen Saiten. Sie fühlen sich alle anders an und fordern deshalb unterschiedliche Arten von Kontrolle.

Setze diese Art des Vibrato in allen musikalischen Phrasen und Licks ein, die du kennst. Beachte auch das Tempo und den Groove des Songs; wahrscheinlich klingt es ganz gut, wenn du dein Vibrato in Achtel-, Sechzehntel- oder Zweiunddreißigstel-Noten machst.

Radiales Vibrato

Radiales Vibrato ist eine schwierigere Technik; es erzeugt ein *viel* stärkeres Vibrato, dask oft einen Ganzton umfassen kann. Manche Gitarristen machen sogar ein Vibrato über drei Halbtöne, wenn sie Hard Rock und Fusion spielen.

Für das radiale Vibrato müssen wir unsere Handposition stark verändern, damit wir auf der entsprechenden Saite ein schnelles auf und ab Bending machen können. Dafür musst du den äußeren Teil des Fingers benutzen (so dass der Fingernagel direkt entlang des Gitarrenhalses zu dir her zeigt) und den ersten Finger als *Hebel oder Angelpunkt* auf der Unterseite des Halses nutzen um dir bei den schnellen Bendings zu helfen.

Stell dir vor du drehst einen Türknauf oder imitiere die Königin von England, wenn sie winkt. Das ist im Prinzip die Bewegung.

Radiales Vibrato ist eine individuelle Technik, die bei jedem Gitarristen einzigartig zu sein scheint. Ich werde hier trotzdem beschreiben, wie ich zu den besten Ergebnissen komme. Verändere die folgenden Schritte, die das Vibrato mit dem *1. Finger* beschreiben, gezielt nach deinen Bedürfnissen. Ziel ist es, dass du mit jedem Finger der Greifhand ein Ganztonvibrato machen kannst.

1) Spiele und halte die gewünschte Note. Probiere es zunächst am VII. Bund auf der g-Saite mit deinem 1. Finger.

2) Rotiere dein Handgelenk von dir *weg*, so dass du die Note nicht mi der Kuppe, sondern mit der Seite des 1. Fingers spielst. Bewege deine Ellbogen nach außen. Das wird dir mit der Bewegung helfen

3) Der Fingernagel deines 1. Fingers sollte jetzt direkt entlang der Saite zeigen; zu dir her.

4) Drücke deinen 1. Finger nach oben in die Unterseite des Halses. Er sollte am Hals direkt unter dem Fingerknöchel am ersten Fingerglied aufliegen. (In unmittelbarer Nähe zur Handfläche)

5) Lass deinen Daumen über die Kante des Halses kommen und entspanne dein Handgelenk, so dass die restlichen Finger nach unten fallen und sich leicht auffächern.

6) Dreh dein Handgelenk von dir weg, indem du den 1. Finger, den du schon gesetzt hast, als Angelpunkt nimmst, und mach ein Bending auf der Saite nach unten, Richtung Boden, so dass der Ton etwas höher wird.

7) Lass den Druck in deinem Handgelenk und deiner Hand los und komm so zu deiner Ausgangsposition zurück.

8) Wiederhole das so oft du kannst

Zunächst wirst du die Saite nicht sehr weit bewegen können und die Seite deines Fingers wird schnell wund werden. Wenn das passiert, mach eine Pause.

Du wirst stärker werden und Hornhaut entwickeln, und dadurch die Saite weiter und schneller bewegen können. Es ist bei der ganzen Sache wichtig, immer die *Seite* deines Fingers zu benutzen und einen Finger als Dreh- und Angelpunkt unter dem Hals zu haben.

Ich baue gerne Entlastungen in mein Spiel ein. Deshalb übe ich das Bending der Saite viel weiter, als ich es realistischerweise je anwenden würde. Wenn du es schaffst, ein Vibrato über drei Halbtöne zu machen, bist du auf einem sehr guten Weg. Wenn ich spiele, mache ich normalerweise ein Halbtonvibrato.

Die folgenden Übungen helfen dir, Stärke, Tiefe und Geschwindigkeit für dein Vibrato mit allen Fingern aufzubauen. **Beispiel 34b:** 1. Finger.

Beispiel 34c: 2. Finger.

Beispiel 34d: 3. Finger.

Beispiel 34e: 4. Finger.

* Für den 4. Finger ist es schwierig und ungewöhnlich, genauso wie die anderen Finger auf der Seite zu spielen. Du solltest ihn trotzdem etwas rollen, aber auch die anderen Finger auf die gleiche Saite legen, so dass du mit mehr Kraft den 4. Finger unterstützen kannst.

Vibrato ist eine schwierige Technik und braucht möglicherweise länger, als die anderen Techniken in diesem Buch, um sich zu entwickeln. Versuche, wenn möglich, jeden Tag fünf Minuten an der Amplitude des Vibratos, der Geschwindigkeit und der Koordination für jeden Finger zu arbeiten.

Probiere die Übungen in diesem Abschnitt auch über verschiedene Saitengruppierungen und in verschiedenen Lagen auf der Gitarre. Vibrato ist auf den tieferen Bünden viel schwieriger.

Bending

Beim Thema Bending unterscheiden sich wahrscheinlich Profis von Amateuren durch perfekte Intonation. Abgesehen von einem guten Rhythmusgefühl ist die Hauptpriorität, die ich meinen Rockgitarrenanfängern vermitteln will, eine perfekte Intonation. Nichts ruiniert ein Solo so sehr, wie ein verstimmtes Bending.

Auch hier ist es wieder wichtig, dass jeder Finger exaktes Bending lernt und deine 2., 3. und 4. Finger sollten jeweils ein Bending über *drei Halbtöne* machen können.

Beim Bending auf der Gitarre solltest du immer den Finger, der das Bending ausführt mit einem freien Finger unterhalb unterstützen. Anders gesagt: wenn du ein Bending auf einer Note auf der g-Saite am VII. Bund mit dem 3. Finger machen möchtest, sollte dein 2. Finger (wenn nicht sogar auch noch dein 1. Finger) ebenfalls auf der Saite sein und Kraft und Kontrolle ausüben.

Der Grundgedanke von allen Übungen in diesem Kapitel ist, dass du zuerst eine Referenznote spielst, dann einige Bünde auf der gleichen Saite nach unten gehst und ein Bending bis zum Referenzton machst. Betrachte es als Gehörbildungsübung; höre gut darauf, dass die Bending-Note ganz genauso klingt, wie der Referenzton.

Probiere die folgenden Übungen mit verschiedenen Finger auf jedem Bending. Spiele jede Zeile vier Mal; das erste Mal machst du das Bending mit dem 1. Finger, dann mit dem 2. Finger usw. In der dritten Übung musst du das Bending nicht mit dem 1. Finger machen.

Beispiel 35a: Halbton Bendings.

Beispiel 35b: Ganzton Bendings.

Beispiel 35c: Bendings über drei Halbtöne.

Mach die Bendings in den Übungen am Anfang sehr langsam, damit du Zeit hast zu *hören*, ob sie stimmen. Das trainiert auch Kontrolle und Kraft in den Fingern der Greifhand.

Erreiche die Zielnote schrittweise schneller. Wenn du den Ton mit einem unmittelbaren, schnellen Bending perfekt triffst, weißt du, dass du es geschafft hast.

Vor-Bending

Ein Pre-Bending ist eigentlich ein umgekehrtes Bending. Du machst ein Bending auf die Zielnote bevor du die Note anschlägst und lässt dann das Bending wieder los. Pre-Bendings werde so notiert:

Übe diese extrem ausdrucksstarke Technik, indem du noch einmal die Beispiel 35a - c durchgehst und sie folgendermaßen modifizierst, so dass sie Pre-Bendings enthalten:

Beispiel 35d: Halbton Pre-Bendings.

Mach' das mit allen Fingern über allen Bending-Distanzen.

Einklang-Bendings

Einklang-Bendings sind zwei Noten gemeinsam auf benachbarten Saiten. Auf der höheren Note gibt es normalerweise kein Bending, aber die tiefere Note soll mit ihrem Bending identisch mit der Höheren klingen. Jimi Hendrix und Jimi Page haben diese Technik jeweils beide sehr effektvoll verwendet.

Diese Bendings sind auf einem Floyd Rose Tremolo ziemlich schwierig und werden immer leicht verstimmt sein, weil das in der Natur des Mechanismus liegt. Aber mit ein bisschen Vibrato werden Intonationsfehler etwas überdeckt.

Ein Einklang-Bending wird so notiert:

Beispiel 35e: Einklang-Bendings.

Mach' die folgenden Übungen, um Kontrolle und Genauigkeit zu entwickeln:

Beispiel 35f: Aufsteigende Einklang-Bendings

Double-Stop Bendings

Bei einem Double-Stop spielt man einfach zwei Noten gleichzeitig. Bei einem Double-Stop Bending spielst du ein Bending auf beiden Noten. Das ist eine Technik, die im Blues- und Rockgitarrenspiel sehr häufig vorkommt.

Lege deinen Finger für ein Double-Stop Bending flach auf, wie es im Abschnitt über Vibrato beschrieben ist. Der Fingernagel zeigt zu dir. Aber dieses Mal lege deinen Finger als Barré über die zwei benachbarten Saiten. Dreh dein Handgelenk für das Bending genauso, wie beim Vibrato; aber in diesem Fall führe die Bewegung nur einmal langsam aus, während du beide Saiten anschlägst. Das wird im nächsten Beispiel gezeigt:

Beispiel 35g: Double-Stop Bending

Verschiebe das Beispiel über das ganze Griffbrett.

Lückenfüller

Wenn wir ein Solo spielen, wollen wir unauffällig[6] mit den Techniken aus diesem Kapitel in eine Phrase hinein und auch wieder hinaus spielen.

Sage jetzt laut das Wort „Hey" langsam und mit Selbstbewusstsein aus deiner Brust heraus. Achte darauf, wie das „H" einige Millisekunden braucht, um sich in deiner Brust und im Hals zu formen, bevor der Klang aus deinem Mund herauskommt. Wenn du an einem ruhigen Ort sitzt, hör auch genau auf das Ende der Note. Sie hört nicht sofort auf, weil der Klang von den Wänden des Raumes abprallt.

Dieses natürliche Phänomen wollen wir mit jeder Phrase, die wir auf der Gitarre spielen, nachbilden. Wenn du das machst, spielst du Phrasen, die musikalisch und sanglich klingen, was dich schon mal von den meisten anderen Spielern unterscheiden wird.

Um in eine Melodielinie hinein zu kommen, gleitet man meistens von unten in die erste Note der Phrase hinein. Übe diese Melodielinie aus meinem Buch **„Das CAGED System und 100 Licks für die Blues-Gitarre".**

Beispiel 36a:

---

[6] oder nicht so unauffällig!

Der Blueslick oben steht in „A" und wird ohne Verzierungen gespielt. Wir werden die Techniken in diesem Kapitel anhand dieses Licks beschreiben und gründlich erarbeiten.

Lass' uns die erste Note mit einem Slide von unten anspielen. Lege deinen Finger auf den *VIII.* Bund auf der Saite und rutsche schnell zur ersten Note des Licks. In **Beispiel 36b** habe ich mit dem Slide auf den IX. Bund diese Idee auf Schlag 4 des zweiten Taktes nochmal wiederholt.

Experimentiere mit Slides auf die erste Note von weiter entfernten Punkten auf dem Griffbrett aus. Dadurch bekommst du einen deutlicheren Effekt. Zum Beispiel:

Beispiel 36c:

Oft ist so ein Slide auf die erste Note einfach mit einer Slur-Linie zur ersten Note der Phrase notiert.

Wir können auch am Ende jeder Phrase die Resonanz im Raum imitieren und einen Slide nach unten von der letzten Note aus machen. Im Grunde ist das ein umgekehrter Slide, aber wir müssen die Note am Schluss zu einem guten Ende bringen. Das ist eine ziemlich nuancierte Technik bei der man schrittweise den Druck des Fingers *während* des Slide verringert.

Am besten übt man das mit einer einzelnen Note auf dem XII. Bund, von der aus man schnell Richtung Sattel gleitet. Du wirst bald herausfinden, wie du die Note stoppen kannst, bevor du die leere Saite erreichst.

Die Beispielphrase klingt jetzt so:

Beispiel 36d:

Für gewöhnlich klingt es auch großartig, ein breites Vibrato vor dem Slide einzubauen:

Beispiel 36e:

Wenn du einen Tremolohebel auf deiner Gitarre hast, versuche aus der Phrase auf die leere Saite heraus zu gleiten (lass' die Note nicht verklingen). Drücke den Hebel langsam nach unten, während die leere Saite verklingt. Damit bekommst du einen sehr progressiven Sound.

Beispiel 36f:

Vergleiche Beispiel 36f mit 36a. Höre, wie 36f als eine vollständige musikalische Phrase schwingt.

Verzierungen von Oben

Genauso, wie wir von unten in eine Note oder Phrase mit einem Slide hineinspielen können, können wir sie auch von oben anspielen. Das verleiht jedem Lick eine *leidenschaftliche*, lyrische Note. Ein Slide von der b5 auf die 4 einer Bluesskala funktioniert besonders gut; vor allem, wenn darauf sofort ein Bending zum Ausgangston folgt.

Beispiel 36g:

Dieses Konzept wird von Steve Vai im Song *For the Love of God* auf seinem Album *Passion and Warfare* sehr effektvoll eingesetzt.

Natürliche Flageoletts

Flageoletts auf der Gitarre resultieren aus einem physikalischen Effekt. Wenn man einen fixen *Sattelpunkt* auf einer Gitarrensaite anbringt, schwingt sie in zwei verschiedenen Längen.[7]

Es gibt viele verschiedene Möglichkeiten Flageoletts auf der Gitarre zu spielen und sie alle erzeugen unterschiedliche Effekte. Die wichtigsten Möglichkeiten werden hier detailliert beschrieben, aber das Thema bräuchte eigentlich ein ganzes eigenes Buch.

Ihre erste Erfahrung mit Flageoletts sammeln die meisten Menschen mit *natürlichen* Flageoletts. Für diese Art von Flageoletts hat man auf der Gitarre am wenigsten Aufwand, weil sie auf jeder Saite an spezifischen Punkten natürlicherweise vorkommen.

Dabei sollte man einen kleinen Punkt auf der Saite generieren, der absolut bewegungslos ist, wenn man die Saite anschlägt. Dieser Punkt teilt die Saite dann in zwei verschiedenen schwingende Teile.

Beginne am XII. Bund auf der g-Saite und berühre die Saite sehr sanft *direkt über dem Bundstäbchen* mit einem Finger deiner Greifhand. Schlage dann mit deiner Zupfhand die leere Saite an. Hebe deinen Greiffinger gleichzeitig mit dem Anschlag der Saite ab und lasse das Flageolett klingen.

---

[7] Das ist eine extreme Vereinfachung, aber eine detaillierte Einführung in die Physik, die hinter Flageoletts steht, würde den Rahmen dieses Buches um ein Vielfaches sprengen.

Beispiel 37a:

Diese Vorgehensweise funktioniert auch mit Noten auf dem VII. und V. Bund, aber sie wird schwieriger, je weiter du am Griffbrett nach unten gehst:

Beispiel 37b:

Experimentiere weiter und bewege deinen Finger weiter Richtung Sattel. Flageoletts existieren auch auf den Bünden Nr. IV., III.9, III.2 und II.7. Sie sind in dieser Reihenfolge fortlaufend schwieriger zu erzeugen. Wenn du Schwierigkeiten damit hast, dreh' den Gain und die Verzerrung auf deinem Verstärker nach oben.

Alle Flageoletts existieren genauso noch einmal 12 und 24 Bünde weiter oben. Das Flageolett am V. Bund, zum Beispiel, kann genauso auch am XVII. Bund oder am XXIX. Bund gespielt werden.

Natürlicher Flageoletts können auch als Double-Stops gespielt werden:

Beispiel 37c:

Oder sie können der Reihe nach eine Melodie bilden:

Beispiel 37d:

```
Harm
<12>
      <12>
            <12>    <12>
                          <7>    <7>
                                      <5>
                                      <5>
```

Zu guter Letzt kannst du ein Flageolett-Double-Stop spielen und dann langsam mit dem Tremolohebel den Sturzflug antreten. Weil die Saiten unterschiedliche Spannungen haben, werden sie sich unterschiedlich schnell nach unten stimmen, was mit Verzerrer herrlich phasenverschobenen Sound-Effekt produziert:

Beispiel 37e:

```
Harm          W/Bar
                      8
<5>
<5>
```

Tap-Flageoletts

Tap-Flageoletts haben einige Ähnlichkeiten mit natürlichen Flageoletts, denn auch sie entstehen in einem spezifischen Intervall über dem Grundton. Allerdings werden sie erzeugt, indem zunächst die Note mit der Greifhand fixiert wird und die *Zupfhand* an den gewünschten Punkt geht, die Saite „tapped" und so die Distanz über der gegriffenen Note auf der Saite festsetzt. Die Abstände in denen du den Tap über der Grundnote machen kannst sind die gleichen, wie im letzten Kapitel.

Schlage im ersten Beispiel die Note auf dem II. Bund auf der g-Saite ganz normal an. Und dann tappe mit dem Mittelfinger deiner rechten Hand schnell, fast so als wolltest du abspringen, auf dem XIV. Bund auf der gleichen Saite.

Beispiel 38a:

Du kannst ein Flageolett jeweils mit einem Tapping 12, 9, 7 oder 5 Bünde über der angeschlagenen Note entstehen lassen:

Beispiel 38b:

Diese Tappings werden kniffliger, je weiter du am Hals nach unten gehst, aber du kannst der gegriffenen Note etwas Vibrato geben, was die Sache erleichtern sollte.

Ein Bending auf der gegriffenen Note *bevor* du das Flageolett-Tapping machst, ist auch eine großartige Technik.

Beispiel 38c:

Pinch-Flageoletts

Pinch-Flageoletts werden künstlich erzeugt, indem der Daumen der Zupfhand mit der Saite *unmittelbar* nach dem Anschlag Kontakt aufnimmt. Diese Bewegung ist so schnell, dass sie als simultan betrachtet wird. Wie immer kannst du nur an bestimmten Stellen auf der Saite Pinch-Flageoletts machen und diese korrespondieren mit den schon erwähnten „Sattelpunkten" auf der Saite. Am besten findet man diese Punkte indem man damit experimentiert die Zupfposition der rechten Hand langsam Richtung Hals zu verschieben, während man auf der gegriffenen Note Vibrato spielt. Vergiss nicht eine gute Portion Verzerrer dazu zu geben.

Wie man ein Pinch-Flageolett mit der Zupfhand macht:

Greife dein Plektrum, so dass es fast im rechten Winkel zur Saite liegt.

Platziere den Fingernagel deines Zeigefingers auf die gewünschte Saite (wir verwenden die g-Saite).

Drücke das Plektrum fest über die Saite und versuche sie beim Anschlag mit deiner Daumenkuppe zu erwischen.

Probiere die verschiedenen Schritte oben, während du auf dem III. Bund auf der g-Saite Vibrato spielst.

Wenn kein Flageolett entsteht, verändere die Position deiner Zupfhand 1 oder 2mm Richtung Hals und versuche es nochmal.

Wenn du große Probleme hast, das Flageolett zu spielen, achte darauf, dass du zwei Kontaktpunkte beim spielen hast: deinen Daumen und dein Plektrum. Mit dem Zeigefingernagel nach unten zu gleiten, hilft auch sehr. Wenn du am III. Bund greifst und auf einer „Strat"-Gitarre spielst, wird ein Flageolett etwa bei der Hälfte zwischen Hals und Mittel-Pickup sein. Viel Vibrato in deiner Greifhand wird auch sehr viel helfen.

Diese Technik ist ziemlich verzwickt, aber wenn du sie einmal gelernt hast, wirst du es nicht mehr vergessen.

Man findet kaum zwei Musikstücke, in denen Pinch-Flageoletts identisch notiert sind. Diesbezüglich gibt es einfach keine Konvention. Normalerweise hat das Notenheft ein Glossar für die üblichen Techniken und wie sie notiert sind. Eine Art, die öfter vorkommt, sieht so aus:

Beispiel 38d:

In der Tabulaturzeile werden die Zahlen oft in diamantförmige Kästchen oder Dreiecke hineingeschrieben.

Hör dir Beispiel 38e an. Ich spiele es zweimal durch. Das erste Mal spiele ich so, wie es geschrieben steht, das zweite Mal verwende ich ziemlich freizügig Pinch-Flageolett, um einen progressiven Rock-Effekt zu erzeugen:

Beispiel 38e:

Wenn du die Phrase spielst, experimentiere mit der Position deiner Zupfhand. Bewege sie näher zum Steg und wieder davon weg. Versuche auch die Hand nach vorne zu bewegen, während du die Melodie spielst, so dass du verschiedene Flageoletts an verschiedenen Stellen über die Phrase hinweg erwischst. Es macht viel Spaß hier viel auszuprobieren und du wirst großartige Resultate bekommen!

Der berühmte „Satch Scream" wird erzeugt, indem du den Tremolohebel nach unten drückst, während du ein Double-Stop-Pinch-Flageolett auf der leeren g- und h-Saite spielst und danach den Hebel langsam wieder nach oben bringst.

Harfen-Flageoletts

Harfen-Flageoletts, auch *künstliche* Flageoletts klingen wunderschön. Sie werden erzeugt, indem man mit einem Finger der *Zupfhand* die Saite berührt während man sie anschlägt. Auch sie entstehen wieder auf den schon beschriebenen Sattelpunkten.

Greife eine Note ganz normal und greife dann mit deiner Zupfhand 12 Bünde über dieser Note. Du hältst dein Plektrum wie immer zwischen Daumen und Zeigefinger und berührst die Saite sanft 12 Bünde über der gegriffenen Note mit deinem Mittelfinger (genauso wie bei einem natürlichen Flageolett), während du gleichzeitig die Saite mit dem Plektrum anschlägst.

Das ist am Anfang ein bisschen schwierig, aber wenn du den Finger deiner Zupfhand wegnimmst, sollte die Note eine Oktave höher als der Grundton klingen.

Greife in der nächsten Übung auf der g-Saite am II. Bund und geh mit deinem Plektrum zum XIV. Bund. Streck deinen Mittelfinger, berühre die Saite direkt über dem 14. Bund und schlage gleichzeitig mit dem Plektrum die Saite an.

Beispiel 38f:

Harfen-Flageoletts klingen großartig in Kombination mit Akkorden. Halte im folgenden Beispiel G-Dur als Barrégriff und spiele Harfen-Flageoletts, jeweils 12 Bünde über der ursprünglichen Note:

Beispiel 38g:

Winkel, Position und Dynamik beim Picking

In einem Profi-Orchester kann es sein, dass der erste Geiger eine Stradivari im Wert von € 1.5 Millionen Euro spielt. Der Bogen (eigentlich nur ein Stock mit Pferdehaaren) kann mehr als €80.000 kosten.

Als Gitarristen verwenden wir ein Plastikteil für 50 Cent.

So gut wie jeder Ton auf der Gitarre fängt beim Pick an. Deshalb müssen wir aus unserem Plektrum den bestmöglichen Ton herausholen.

Wir können mit vielen verschiedenen Faktoren spielen: Der Winkel, in dem du die Saite anschlägst, verändert schon mal ganz *massiv* den Klang. Versuche einen Blueslick mit dem Plektrum im rechten Winkel zur Saite zu spielen.

Im folgenden Beispiel spiele ich den gleichen Blueslick dreimal. Das erste Mal mit einem „normalen" Anschlagswinkel. Dann mit einem Winkel von 80° - 90° und beim dritten Mal verändere ich den Anschlagwinkel über die ganze Phrase.

Beispiel 39a:

Wenn du den Verstärker aufgedreht hast und einigermaßen neue Saiten drauf hast, wirst du einen Riesenunterschied in deinem Ton und deiner Artikulation bemerken, auf den dein Publikum wirklich anspringen wird.

Versuche auch den Anschlagsort zu variieren. Je näher du am Steg spielst, desto mehr Obertöne werden in deinem Klang sein. Wenn du dich schrittweise zum Griffbrett vorarbeitest, wird dein Ton wärmer und voller.

Wenn du verschiedene Anschlagswinkel immer wieder mit unterschiedlichen Anschlagspositionen kombinierst, wirst du phänomenal klingen. Es ist eine schnelle Lösung, wenn du mehr Tiefe und Dynamik in dein Spiel bringen möchtest.

Zu guter Letzt rate ich dir, stärker anzuschlagen, als du als notwendig erachtest. Das wird dir helfen, den Ton auch durch Verzerrer oder Verstärkereffekte hindurch zu projizieren.

Das ist keine Einheitslösung für alles. Leises Picking kann ein sehr wichtiger Effekt sein. Aber meiner Erfahrung nach schlagen die meisten Schüler nicht annähernd stark genug an. Sie verlassen sich auf extreme Verzerrer, die ihren Ton formen. Wenn du stärker anschlägst, schickst du mehr Signal zum Verstärker. Das heißt, dass du für den gleichen Effekt weniger Verzerrer einsetzen musst. Dein Ton wird sich dadurch sofort verbessern.

Viel Spaß!

www.ingramcontent.com/pod-product-compliance
Lightning Source LLC
Chambersburg PA
CBHW081434090426

42740CB00017B/3304